Redensarten

und ihre Bedeutung

КНИГУ ХО
РОШО КНИГА БУДЕТ
ХОРОШЕЙ, А Я
ОЧЕНЬ

Redensarten

und ihre Bedeutung

EDITION XXL

Vorwort

Wenn Sie sich mächtig ins Zeug legen, um Ihr Gegenüber von der Richtigkeit Ihrer Argumente zu überzeugen, dann werden Sie nicht an einen Ochsen denken; wieso auch! Na, weil die Redensart „sich ins Zeug legen" eben daher stammt, dass sich Zugtiere schon mächtig ins (Zaum–)Zeug legen müssen, um – schon wieder eine Redensart – „den Karren aus dem Dreck zu ziehen".

Täglich benutzen wir eine Vielzahl von Redewendungen – was uns gar nicht so auffällt. Diese Hilfsmittel der deutschen Sprache sind längst in unseren Alltag eingebunden, weil sie oft in schönen oder humorvollen, meist aber in treffenden Bildern einen Sachverhalt klären. Da hat gerade in der Sportschau ein Fußballer einen Elfmeter „herausgeschunden". Ein der deutschen Sprache nicht so Mächtiger versteht diesen Ausdruck nicht. Woher er stammt, das weiß fast niemand. Wenn ein Mensch eifrig argumentiert, die anderen aber den Eindruck nicht loswerden, dass er noch etwas in Reserve hält, dann hat er noch etwas auf der Pfanne. Mit der Küche hat das überhaupt nichts zu tun, da wäre wahrscheinlich längst alles angebrannt. Diese Redewendung kommt aus der Soldatensprache; in die Pfanne nämlich wurde bei alten Gewehren das Pulver geschüttet.

Die 600 gebräuchlichsten Redewendungen sind in diesem Buch präsentiert. Nach dem Alphabet geordnet werden sie kurz und knapp erklärt und, wo möglich, ihre Herkunft beschrieben. So sind Sie „immer am Ball“, keiner kann Ihnen „einen Bären aufbinden“ und Sie werden jederzeit „den Nagel auf den Kopf treffen“.

das A und O

das Wichtigste, das Wesentliche

Wenn etwas das A und O ist, dann kommt alles darauf an, es ist das Wichtigste, das Wesentliche. Als das A und O beim Fußball könnte man zum Beispiel das Tore schießen bezeichnen. Der Ausdruck hat seine Wurzeln im Griechischen. A und O bedeuten Alpha und Omega, der Anfang und das Ende.

Wer A sagt, muss auch B sagen.

sich ein für alle Mal für etwas entscheiden

Nicht mehr zurückkönnen, auf eine Reaktion gefasst sein. Meist gebräuchlich in dem Sinne: „Die Suppe, die man sich eingebrockt hat, muss man auch auslöffeln."
Im Alphabet folgt auf das A unausweichlich das B. Die Buchstaben bilden oft auch eine Gliederung, eine aufeinander aufgebaute Logik.

aalglatt sein

durchtrieben und listig sein

Aalglatt nennt man einen Menschen, der heil durch alle windigen Situationen kommt, der durchtrieben und listig ist, den man nicht stellen kann, der einem immer wieder entschlüpft.
Es ist zu vermuten, dass dieser Ausdruck aus der Sprache der Angler in den allgemeinen Wortschatz eingeflossen ist.

sich wie ein Aal winden

Ausflüchte suchen

Ein Aal windet sich durch die trüben Gewässer, windet sich auch durch Hände, die ihn fangen wollen.
Aus der Anglersprache.

jemanden abblitzen lassen

jemanden zurückweisen

Wenn eine Frau das Werben eines Mannes nicht erhören will, lässt sie ihn abblitzen. Auch kann man einen anderen Menschen abblitzen lassen, wenn man seinem Wunsch oder seiner Bitte nicht entspricht.
Bei alten Gewehren brannte oft das Pulver ab, ohne dass die Patrone abgeschossen wurde. Das wurde Abblitzen genannt.

---

auf etwas abfahren

etwas sehr gut finden, sehr mögen

Eine Sache am liebsten immer wieder haben wollen. Auch auf einen anderen Menschen kann man abfahren.
Was abfährt, das beginnt, das fängt neu an, das macht Spaß, darauf ist man gespannt.

jemandem eine Abfuhr erteilen

jemanden tadeln, zurückweise; „Der hat dir ja eine ganz schöne Abfuhr erteilt", bedeutet so viel wie „Der hat dich niedergemacht" oder „Der hat dich abblitzen lassen (s. o.)".

Wenn bei einem studentischen Zweikampf einer der Kontrahenten so schlimme Säbel- oder Degenhiebe erhielt, dass er nicht mehr allein stehen konnte, sondern von seinem Sekundanten abgeführt werden musste, sprach man von einer Abfuhr.

abgebrannt sein

kein Geld mehr haben, völlig pleite sein

Im Mittelalter gab es noch keine Versicherungen, zum Beispiel gegen das Abbrennen eines Hauses, was bei den weit verbreiteten Holzhäusern schnell geschehen konnte. Wenn einer Familie das Haus abbrannte, war das gleichbedeutend mit völliger Verarmung, mit der Vernichtung der Existenz.

abgedroschen sein

nichts mehr taugen, wertlos sein

Ist etwas abgedroschen, dann taugt es nichts mehr, es ist müßig, darüber zu reden, diese Geschichte ist tausendmal erzählt und hat nun wirklich keinen Neuigkeitswert mehr.
Getreide wurde früher geschlagen, gedroschen, bis die Körner ausgesondert waren und nur noch das („leere“) Stroh übrig war. Abgedroschenes war also alt, die Arbeit vorbei, damit war nichts mehr zu tun.

abgefeimt sein

keine Skrupel haben, keine moralischen Bedenken

Man könnte genauso gut sagen: „Er geht über Leichen.“ Oder: Er ist ein Schurke, ein Schuft.
Im Althochdeutschen bedeutet „feim“ Schaum.
Abgefeimt heißt also so viel wie „abgeschäumt“.
Der Abschaum, das sind die Überreste von Schaum und Schmutz, etwas zum Wegwerfen, Müll.

eine abgekartete Sache

abgesprochen, vorher gemeinsam geplant

Kommt aus dem Lateinischen; „charta" ist ein Vertrag, eine Urkunde, also eine genau abgesprochene, mündlich oder schriftlich vereinbarte Sache.

---

alles abgeklappert haben

überall nachgefragt und gesucht haben, keinen Ort und keine Person ausgelassen haben

Bei der Jagd wurde das Revier von den Treibern abgeschritten und das Wild mit Holzklappern aus seinem Versteck aufgescheucht.

---

abgekratzt sein

gestorben, jämmerlich zu Tode gekommen sein

Der Ausdruck soll aus dem Sächsischen kommen; abkratzen bedeutet: etwas Überflüssiges entfernen, einen „abgekratzten" Rest wegwerfen.

jemandem eine Abreibung verpassen

jemanden verprügeln oder ihn mit Worten niedermachen

Bei einer „Abreybung“ werden Tiere gesäubert. Durch Striegeln und Reiben wird das Fell gepflegt. Seine heutige Bedeutung im Sinne von „Bestrafen“ hat der Begriff erst in der ersten Hälfte des 20. Jahrhunderts bekommen.

sich die Hörner abstoßen

Erfahrungen sammeln

Wenn ein (meist junger) Mensch sich die Hörner abstößt, dann macht er seine Erfahrungen; oft sind damit sexuelle Erfahrungen gemeint. Männliches Hirsch- und Rehwild stößt sich die alten Hörner an Bäumen ab. Danach werden die Tiere merklich ruhiger.

abgetakelt sein

den Niedergang erlebt haben

Ist jemand abgetakelt, dann haben seine Schönheit und Gesundheit, seine Kraft und/oder sein Vermögen drastisch abgenommen.
Wenn ein Schiff abgetakelt wird, bedeutet das: sein Tauwerk abbauen. Damit wird es für die See untüchtig gemacht und stillgelegt.

Achillesferse

die schwache oder verwundbare Stelle

Die Achillesferse eines Menschen ist seine schwache oder verwundbare Stelle. Wer diese kennt, kann ihn verletzen. „Du hast seine Achillesferse getroffen" bedeutet, dass er an genau der richtigen, der verletzlichsten Stelle getroffen wurde.
In der griechischen Sage macht Thetis, die Meeresgöttin, ihren Sohn Achilles unverletzlich, indem sie ihn in den Fluss Styx taucht. Seine Ferse jedoch, an der sie ihn hält, bleibt verwundbar.

jemanden laust der Affe

Jemand ist sehr erstaunt.

Wenn Affen sich lausen, verbinden sie damit eine angenehme Empfindung. Als Mensch von einem Affen gelaust zu werden, bedeutet jedoch eine unangenehme, mit mehr Schmerz als Wohltätigkeit vermischte Empfindung zu erleben.

eine Affenschande sein

peinlich sein, sich schamlos verhalten haben

Dieser Begriff hat nichts mit den Affen zu tun, er kommt vielmehr von „offen“, es geht also um eine offene Schande.

ein Affentanz sein

eine Show, ein Theater sein

Wenn Affen tanzen, machen sie dabei eine Menge Klamauk.

Jemandes Aktien fallen (steigen).

Die Aussichten auf den Erfolg seiner Pläne, Spekulationen und Hoffnungen mindern oder mehren sich.

Aus der Börsensprache.

---

einen Altweibersommer genießen

spät im Jahr, schon fast im Herbst, noch schöne Sommertage haben

Die Schönwetterperiode zwischen September und Oktober hat ihren Namen von den jungen Spinnen, die sich an feinen Fäden vom Herbstwind davontragen lassen. Das erinnerte die Leute an die am Spinnrad sitzenden alten Weiber.

---

ein Ammenmärchen sein

dick aufgetragen, gelogen sein

Ammenmärchen sind unglaubwürdige Geschichten, die kleinen Kindern erzählt werden, um sie zu beeindrucken.

Der Amtsschimmel wiehert.

Etwas geht sehr bürokratisch zu.

Da ist jemandem von behördlicher Seite ein Stein in den Weg gelegt worden. Wahrscheinlich ist die Wurzel dieser Redensart das Herumreiten auf Bestimmungen, das Beharren auf unnötige Umwege.

kurz angebunden sein

schroff, abweisend sein, leicht in Zorn geratend

Wenn ein Pferd oder ein Hund mit einer zu kurzen Leine angebunden ist, wird das Tier schnell wütend.

nichts anbrennen lassen

nichts auslassen

Im sexuellen Sinne: jede Frau anmachen, jede Gelegenheit nutzen.
Ist etwas angebrannt, so ist es verdorben; es kann nicht mehr genossen werden.

jemandem etwas anhängen

jemanden (meist zu Unrecht) einer Tat beschuldigen

Im Mittelalter wurde dem Rechtsbrecher ein Zeichen seines Vergehens um den Hals gehängt: einem Dieb der gestohlene Gegenstand, Trinkern eine Flasche, zänkischen Weibern ein Besen usw.

sich jemanden anlachen

eine neue Beziehung anfangen

Meist Bewunderung oder Neid, weil jemand eine neue Liebe hat.

etwas anzetteln

etwas anstiften

Initiator einer (meist negativen) Handlung sein; etwas angestiftet haben. Bevor man mit dem Weben beginnen kann, muss man zuerst die Fäden herrichten. Die Längsfäden bilden dabei den „Zettel". Erst danach kann man mit der wirklichen Arbeit fortfahren.

Der Apfel fällt nicht weit vom Stamm.

Etwas ist nicht besser als sein Ursprung.

Eine eher üble Nachrede, die darauf zielt, dass Sohn oder Tochter auch nicht besser sind als die Eltern.
Ein Apfel, der vom Stamm fällt, ist Fallobst und damit minderwertig.

arm wie eine Kirchenmaus sein

siehe Kirchenmaus

jemandem unter die Arme greifen

jemandem helfen

Im Turnier, beim ritterlichen Zweikampf, hilft der Knappe oder der Sekundant dem Verletzten, indem er ihm unter die Arme greift und ihn so wieder aufrichtet.

etwas aus dem Ärmel schütteln

leichtsinnig reden oder handeln

Unbedacht sein; sorglos und leichtsinnig in einer Sache verfahren oder mit etwas umgehen; ohne Vorbereitung reden.
Falschspieler schütteln gerne mal ein Ass aus dem Ärmel und geraten schnell in Gefahr, dabei erwischt zu werden.

ein Armutszeugnis sein

ein Beweis der Unfähigkeit sein

Früher durften nur Menschen betteln, die eine amtliche Erlaubnis, das „Armutszeugnis", vorweisen konnten.

jemandem den Ast absägen

jemandes Existenz vernichten

Sägt man den Ast ab, auf dem jemand sitzt, fällt dieser (zu Boden).

sich einen Ast lachen

sich über etwas ausschütten vor Lachen

Meist gehässig gemeint. „Ast“ nannte man früher den Buckel eines Menschen.

---

aufgedonnert sein

geschmacklos aufgeputzt sein

Damit ist eine Frau gemeint, die sich ordinär gekleidet und geschminkt hat.
Die Redewendung kommt aus dem niederdeutschen „dunner“ oder dem italienischen „donna“, meint also: wie eine Dame gekleidet sein.

---

aufschneiden

angeben

Im 17. Jahrhundert sprach man von: „mit dem großen Messer aufschneiden“. Man gebrauchte diese Redewendung, wenn einer allzu große Stücke auftischte. Zu der Redensart existieren unzählige Geschichten, in denen mit großen Messern hantiert wird.

jemandem schöne Augen machen

jemanden anmachen, umwerben

Jemandem verdeutlichen, dass man etwas von ihm will.

Jemandem fallen die Augen aus.

Jemand glotzt aufdringlich.

Jemand macht sehr deutlich, dass er sich ungemein angezogen fühlt; er schaut äußerst aufdringlich.

mit offenen Augen schlafen

unaufmerksam sein

jemandem die Augen öffnen

jemanden von etwas in Kenntnis setzen

Meist gebräuchlich bei der Verbreitung einer negativen Meinung über einen anderen Menschen.

jemandem unter vier Augen die Meinung sagen

jemanden kritisieren, ohne dass es ein anderer mithört

etwas oder jemanden im Auge haben

ganz genau beobachten

Wenn einem jemand verdächtig erscheint, schaut man ganz genau hin.

große Augen machen

verwundert sein

Die Verwunderung über etwas durch auffallend starres Ansehen äußern.

die Augen auf etwas werfen

etwas begehren

Etwas mit großer Aufmerksamkeit betrachten, es im Blick haben.

sich die Augen nach jemandem ausgucken

sich nach einem anderen Menschen sehnen

Jemanden mit seinen Blicken verschlingen wollen.

eine Augenweide sein

sehr schön, sehr gesund, äußerst angenehm sein

Eine saftige Weide ist gut für die weidenden Tiere.

etwas ausbaden (müssen)

für etwas geradestehen, eine unangenehme Angelegenheit zu Ende bringen müssen

Früher mussten mehrere Personen dasselbe Bad benutzen; das Wasser war zu kostbar, als dass sich jeder hätte frisches Wasser gönnen können. Den letzten Badenden traf die unangenehme Arbeit. Er musste das schmutzige Wasser ausgießen und das Bad säubern, also ausbaden.

ein Ausbund von Tugend sein

äußerst tugendhaft sein

Die Kaufleute banden früher ein besonders gutes Exemplar ihrer Ware außen auf die Packung.

etwas ausmerzen

etwas vernichten

Etwas muss einfach weg, das ist zu viel oder nicht gut, das muss vernichtet werden.
Im Frühjahr, vor allem im März, wurden in früheren Zeiten die zur Zucht nicht tauglichen Schafe ausgesondert.

ausrasten

durchdrehen, Amok laufen, nicht mehr zu halten sein

Wenn aus einem Getriebe ein Zahn ausrastet, dann läuft es nicht mehr rund und geht kaputt.

ausspannen

eine Pause machen, sich erholen

Wird ein Pferd ausgespannt, braucht es nicht weiter den Wagen zu ziehen und hat sich eine Pause verdient.

jemanden ausspannen

jemandem etwas wegnehmen

Bezieht sich vor allem auf das Abwerben eines Liebhabers einer anderen Frau.
Um ein Pferd stehlen zu können, muss es erst vom fesselnden Zaumzeug befreit, also ausgespannt werden.

jemanden ausstechen

jemanden besiegen, überflügeln

Sich wertvoller präsentieren als er, sich in der Gunst anderer so stellen, dass er aufgibt; jemandem den Vorrang abgewinnen.
Beim ritterlichen Turnier musste der Gegner mit der Lanze aus dem Sattel gestochen werden.

sich wie ein Backfisch benehmen

sich wie ein unreifes Mädchen verhalten

Aus dem englischen „backfish“: der Fisch, der beim Einholen der Netze ins Meer zurückgeworfen („back“) wird, weil er zu jung ist und als marktreife Beute noch nicht zählt.

---

immer am Ball sein

immer aktiv und aktuell sein

Aus der Fußballersprache.

---

außer Rand und Band sein

siehe Rand

---

jemandem einen Bären aufbinden

eine klare Lüge als Wahrheit verkaufen

Ursprung ist das altdeutsche „bar“, was Last bedeutet.

Hier ist der Bär los.

Hier ist richtig etwas los.

Es ist entweder sehr unruhig oder sehr ausgelassen, „da geht die Post ab".
Wenn der Bär los ist, dann richtet er großen Schaden an.

---

jemandem einen Bärendienst erweisen

jemandem helfen wollen und genau das Gegenteil erreichen

Nach einer Fabel vom Einsiedler und seinem gezähmten Bären. Der Eremit wurde im Schlaf von Fliegen und Mücken geplagt. Der Bär wollte die Störenfriede erschlagen und tötete mit seiner schweren Pranke zugleich seinen Herrn.

---

jemanden aus der Bahn werfen

ihn von seinem Weg abbringen

Etwas hat ihn total verunsichert, ist ein großes Unglück für ihn.
Wer beim ritterlichen Turnier aus der Bahn geworfen wurde, hatte den Kampf verloren.

immer nur Bahnhof verstehen

nicht verstehen wollen

Die Redensart entstand bei den kriegsmüden Soldaten am Ende des 1. Weltkriegs. Der Bahnhof wurde zum Symbol des Heimaturlaubs, das einzige Gesprächsthema, das noch interessierte.

etwas (nicht) auf die lange Bank schieben

eine Sache (nicht) verzögern

Es hat keinen Sinn, dadurch wird es nur schlechter oder komplizierter.
In Deutschland wurden nach Einführung des Römischen Rechts schriftliche Akten in langen, bankähnlichen Truhen aufbewahrt.

bankrott gehen

Pleite machen, zahlungsunfähig sein

Von dem Italienischen „banca rotta". Wurde der Geldwechsler zahlungsunfähig, zerschlugen die Gläubiger seine Bank, auf der er die Geldsorten ausgelegt hatte.

va banque spielen

(zu) viel riskieren

Im Baccarat setzt ein Spieler die ganze Summe, die der Bankhalter im Spiel hat, gegen die Bank und riskiert damit Kopf und Kragen.

jemandem um den Bart gehen

jemandem schmeicheln

Bei den alten Germanen war der Bart wichtigster Teil des Männergesichts. Wer diesem Zeichen der männlichen Würde schmeichelte, wollte damit die Person ehren.

sich um des Kaisers Bart streiten

über eine unbedeutende Sache streiten

Es wurde heftig darüber gestritten, ob Kaiser Karl der Große einen Bart getragen habe oder nicht. Es fanden sich Urkunden, von deren Echtheit große Privilegien abhingen. Auf einigen Siegeln war nämlich das Bild des Kaisers mit und auf anderen ohne einen Bart. Der Verdacht von Fälschungen entstand und die wichtige Frage, welche von beiden echt sein mochten.

etwas in Bausch und Bogen verurteilen

etwas rundweg ablehnen

Völlig dagegen sein; nicht mit sich darüber diskutieren lassen. Althochdeutsch: bei Grenzen heißt Bausch die auswärts gehende Fläche und Bogen die einwärts gehende.

Beckmesserei

kleinliches Kritisieren

Beckmessern geht zurück auf Richard Wagners Oper „Die Meistersinger von Nürnberg". Sixtus Beckmesser notiert darin pedantisch alle Regelverstöße beim Gesangswettbewerb.

Stein und Bein schwören

siehe Stein

wieder auf die Beine kommen

wieder gesund werden; die finanzielle Situation wieder in den Griff bekommen

Jemand kann wieder die eigenen Beine benutzen und ist nicht mehr auf fremde Hilfe angewiesen.

---

auf den eigenen Beinen stehen

keine Hilfe (mehr) benötigen

Erwachsen sein; solvent sein.

---

die Beine unter die Arme nehmen

fliehen; schnell weglaufen

---

mit dem linken Bein zuerst aufstehen

schlecht drauf sein; Pech haben

Im Lateinischen heißt „sinister" nicht nur links, sondern auch linkisch.

jemandem auf die Beine helfen

ihn unterstützen

Wird angewendet, wenn ein wirklich Bedürftiger unterstützt, wenn er aus einer Verlegenheit gerettet und – gleichsam ein Liegender – aufgerichtet und zum Stehen gebracht wird.

jemandem Beine machen

jemand in Bewegung bringen

Ihn endlich zum Laufen, zur Aufnahme einer Tätigkeit bewegen

jemandem ein Bein stellen

jemanden behindern

Ihn stürzen, ihm schaden, ihm Hindernisse in den Weg legen.

wie ein Berserker wüten

außer Kontrolle geraten, blind um sich schlagen, großen Schaden anrichten

Im Altnordischen bezeichnete man jemanden voller ungezügelter Angriffswut als Berserker. Eigentlich meinte man damit anfangs nur das Bärenhemd, das skandinavische Krieger trugen („ber“ heißt Bär und „serkr“ ist das Hemd). Sie wollten damit die Kraft des getöteten Tieres auf sich übertragen.
„Berserker“ wurden später die Männer genannt, die durch die Fellklamotten so furchterregend aussahen (und rochen), dass man von ihnen sagte, sie könnten kurzzeitig die Bärengestalt annehmen.

in die Binsen gehen

verloren gehen, kaputt gehen, nicht klappen

Wahrscheinlich nach der vor dem Hund in die Binsen flüchtende Ente.

eine Binsenweisheit

eine jedem bekannte Tatsache

Das ist ja klar, ist eine selbstverständliche, unbestrittene, allgemein bekannte Wahrheit.
Diese Redewendung geht wahrscheinlich auf den sagenhaften König Midas zurück, dem Apoll zur Strafe Eselsohren angezaubert hatte. Sein Barbier entdeckte diese unter der Krone; zum Schweigen verpflichtet, vertraute er das Geheimnis den Binsen am Flussufer an, die es sofort in alle Winde flüsterten.

Jemandem bleibt der Bissen im Halse stecken.

Jemand ist total überrascht oder angeekelt.

Das verschlägt einem die Worte; davor ekelt man sich; das überrascht einen völlig.
Mittelalterliches Gottesurteil: Der Beschuldigte musste ein Stück trockenes Brot ohne Flüssigkeit hinunterschlucken. Gelang dies problemlos, war er frei.

kein Blatt vor den Mund nehmen

offen die eigene Meinung äußern

Diese Redewendung spiegelt eine alte Theatersitte wider. Die Schauspieler machten sich unkenntlich, indem sie Blätter vor ihr Gesicht hielten. Sie konnten dann Anliegen vorbringen, ohne später dafür zur Rechenschaft gezogen zu werden. Im 16. Jahrhundert hielt man sich dann bei peinlichen Äußerungen schnell ein Blatt Papier oder ein Laubblatt vor den Mund.

Das Blatt hat sich gewendet.

Etwas Positives wurde negativ, etwas Negatives positiv.

Umgangssprachlich; bezieht sich auf das Kartenspiel: Wenn sich das Blatt wendet, hat der Spieler keine guten Karten mehr.

blaumachen

krankfeiern

Der fehlt, obwohl er gar nicht krank ist! Wollten Färber Stoffe mit Indigo färben, mussten sie eine Farbstofflösung mit einem bestimmten pH-Wert anrühren. Dieser Wert wurde durch Anreichern der Färbelauge mit Urin erreicht. Um die erforderlichen Mengen an Urin zu erhalten, hatten die Färber große Mengen Alkohol zu trinken. Verständlich, dass an solchen Tagen nicht mehr gearbeitet werden konnte. Es wurde eben „blau gemacht".

jemanden grün und blau schlagen

jemanden verprügeln

Wenn mit Indigo gefärbte Stoffe aus der Färberlauge kommen, sind sie zuerst grün. An der Luft oxidiert der Farbstoff und wird langsam blau. Um diesen Prozess zu beschleunigen, schlug man mit Holzlatten auf die Stoffbahnen ein, dadurch kam mehr Sauerstoff in das Gewebe. Man hatte den Stoff grün und blau geschlagen.

Blech daherreden

dummes Zeug reden

Die alten, dünnen Münzen aus Blech führten zu den Redensarten mit Blech.

---

jemandem etwas durch die Blume sagen

ihm die Wahrheit möglichst schonend beibringen, eine Andeutung machen

Wer etwas durch die Blume sagt, sagt es verdeckt.

Mir wird blümerant.

Mir wird ganz komisch.

Von dem französischen „bleu mourant" (mattblau), einer Modefarbe; hatte man sich an ihr satt gesehen, wurde einem schon bei ihrem Anblick fast schlecht.

Das sind böhmische Dörfer für jemanden.

Davon versteht jemand überhaupt nichts.

Unbekannte oder unverständliche Dinge werden schon seit dem 16. Jahrhundert als „Böhmische Dörfer“ bezeichnet. Die Deutschen hatten leichte Sprachprobleme mit den Ortsnamen im böhmischen Gebiet, da sie die tschechischen Namen nicht verstehen, geschweige denn aussprechen konnten.

Bock auf etwas haben

Lust auf etwas haben

Aus der Jugendsprache der 70er Jahre; „null Bock“ bedeutet „keine Lust“.

---

einen Bock schießen

eine Peinlichkeit aussprechen oder etwas Peinliches tun

Voll daneben zielen.
Beim Preisschießen bekam der schlechteste Schütze früher oft einen Bock geschenkt.

jemanden ins Bockshorn jagen

jemanden verunsichern einen Scherz mit ihm treiben

Ein Bockshorn wird zur Spitze hin immer enger und gekrümmter; darin könnte diese Redewendung ihren Ursprung haben.

---

ein Bratkartoffelverhältnis haben

eine Beziehung haben, in der jemand gut versorgt wird

Der Ausdruck stammt noch aus dem ersten Weltkrieg und bezeichnete damals ein kurzfristiges Verhältnis, das vor allem wegen der Verpflegung eingegangen wurde.

---

volle Breitseite geben

ungebremste schonungslose Angriffe führen

Aus dem Sprachschatz der Kriegsmarine. Eine „Breitseite" (englisch: „broadside") ist das gleichzeitige Abfeuern aller Geschütze auf der dem Gegner zugewandten Seite des Schiffes.

für jemanden in die Bresche springen

jemandem in Not beistehen

Aus dem Französischen. Gemeint ist die von Angreifern in eine Festungsmauer geschlagene Lücke, die von den Belagerten gehalten, verteidigt werden musste. War einer der Verteidiger gefallen, nahm ein anderer seinen gefährlichen Platz ein, sprang also in die Bresche.

ein Brett vor dem Kopf haben

dumm, engstirnig, „vernagelt" sein

Aus dem 17. Jahrhundert: Störrische Ochsen wurden mit einem vor die Augen gehängten Brett beruhigt.

bei jemandem einen Stein im Brett haben

siehe Stein

jemandem Brief und Siegel auf etwas geben

etwas garantieren, bestätigen, versichern

Früher wurden Urkunden nach dem Lateinischen „breve" (Brief) genannt; zum Brief gehörte das Siegel des Ausstellers, ohne das das Schriftstück wertlos war.

---

in die Brüche gehen

auseinander gehen beendet, vorbei sein

„But" ein altes Wort für „Sumpf"; in den Sumpf geraten bedeutet darin umkommen.

---

auf den Busch klopfen

vorsichtig ergründen, vorfühlen, behaupten

Durch Schlagen auf die Büsche und das Unterholz wurde bei der Jagd das Wild aus dem Versteck aufgescheucht.

ein Casanova sein

ein großer Weiberheld sein, ein Lüstling

In der „Geschichte meines Lebens“, seinen Memoiren, schildert Casanova 1798 genüsslich seine erotischen Abenteuer.

---

den Gang nach Canossa antreten

sich unterwerfen, sich beugen, zu Kreuze kriechen

König Heinrich IV. musste sich durch den Gang nach Canossa erniedrigen, bevor ihn Papst Gregor im Jahr 1077 vom Bann löste.

---

jemandem die Courage abkaufen

jemanden einschüchtern ihm „den Schneid abkaufen“

Aus dem Französischen.

Angst vor der eigenen Courage haben

im letzten Moment vor einer mutigen Handlung zurückschrecken

Aus dem Französischen.

etwas halten wie ein Dachdecker

etwas nicht zur Kenntnis nehmen

Mach doch, was du willst; das ist mir egal. Am Ende des 19. Jahrhunderts waren die Dachdecker nicht kontrollierbar, weil kein Bauherr den Mut hatte, aufs Dach zu klettern, um nachzusehen, ob alles in Ordnung ist.

Dampf ablassen

Wut und Ärger abreagieren

Beim Dampfkessel wird der Überdruck durch das Ventil abgelassen. Dies wurde in diesem Sinne auf den Menschen übertragen.

(wieder) auf dem Damm sein

(wieder) gesund sein

Gut drauf sein; gut in Form sein;
sich vor Sturmfluten geschützt fühlen.

---

ein echter Dauerbrenner sein

ein lang währender Erfolg sein

Ein langer oder ständiger Erfolg, vor allem im Showbereich, wurde früher gerne als Dauerbrenner bezeichnet. Heute sagt man eher „Evergreen".
Ein „Dauerbrenner" war ein Ofen, der mit lang brennendem Material (Briketts usw.) befeuert wurde.

---

jemandem die Daumen drücken

ihm Glück wünschen

Das Drücken, also das Umschließen des Daumens mit den anderen Fingern, stammt aus dem germanischen Brauchtum und sollte vor Pech, Unglück oder bösen Träumen schützen.

den Daumen auf etwas halten

auf etwas aufpassen, es nicht herausgeben

Drückte im Mittelalter jemand den Daumen auf etwas, hielt er es unter Kontrolle und in seinem Besitz.

jemandem einen Denkzettel verpassen

jemanden tadeln, bestrafen, rügen

In Jesuitenschulen wurde Schülern, die schlechte Eigenschaften erkennen ließen, vom Lehrer ein „Denkzettel" ausgehändigt, auf dem der Fehler verzeichnet stand. Der Schüler musste den Zettel ständig bei sich tragen. Da mit dem Denkzettel oft auch, selbstverständlich didaktisch unverzichtbare, körperliche Bestrafungen einhergingen, hat das Wort heute eine eher negative Bedeutung.

Oder: eine Urkunde, die in doppelter Ausfertigung auf ein Stück Pergament geschrieben wurde, worauf man irgendein Wort zwischen die Urkunden längs schrieb und das Pergament durch dieses Wort hindurch zerschnitt. Jede der Parteien erhielt eine Ausfertigung; bei Anfechtung wurde die Echtheit durch Zusammenlegen bewiesen.

keinen Deut wert sein

nichts wert sein

Etwas, das sehr gering geschätzt wird.
Ein Deut, oder niederländisch Duit, war eine Münze, die seit dem 14. Jahrhundert bis zum Ende des 18. Jahrhunderts geprägt wurde. Sie war anfangs aus Silber, dann ließ man nach und nach immer mehr Silber weg und ersetzte es durch ein billigeres Material. Später bestand sie nur noch aus Kupfer.

mit jemandem Deutsch reden

klar und deutlich die Wahrheit sagen

Im Mittelalter war die deutsche Sprache die des gemeinen Volkes, robust, deutlich, ohne Schnörkel; nur die Geistlichkeit und die Gelehrten sprachen Latein.

Aller guten Dinge sind drei.

Eher ein Aberglaube; die Drei ist eine Zahl mit kultischer Bedeutung.

Aus dem Mittelalter: Wer auch beim dritten Male der Ladung zum Gericht nicht nachkam, wurde in Abwesenheit verurteilt.
Auch: „Dreimal ist Bremer Recht."

---

jemanden dingfest machen

jemanden stellen, festhalten, vorführen

Für die Gerichtsverhandlung festnehmen;
„thing" = germanisch Gerichtsversammlung.

---

ein Ding drehen

eine strafbare Handlung begehen oder einen Streich spielen

Ding ist hier die vor Gericht zu verhandelnde strafbare Sache.

ein Ding mit Pfiff

etwas von Reiz

Pfiff bedeutet „Kniff“ oder „Trick“ und ist der eigentliche Reiz an einer Sache, das, was etwas erst rund, vollständig macht. Geht wahrscheinlich zurück auf den Lockpfiff des Vogelstellers.

Etwas geht nicht mit rechten Dingen zu.

Es ist unerklärlich, rätselhaft oder nicht rechtens.

Das geschieht nicht auf rechtmäßige Weise, nach rechtsgültigen Normen.

Das sind böhmische Dörfer für jemanden.

siehe böhmische

Dreck am Stecken haben

kein reines Gewissen haben; etwas auf dem Kerbholz haben; schuldig sein

Wenn jemand mit seinem Stecken durch Schmutz gegangen ist, bleibt dieser am Stecken haften.

jemandem blauen Dunst vormachen

etwas vernebeln; jemanden täuschen

Nach altem Brauch lassen Zauberer vor ihren Experimenten oft blauen Dunst aufsteigen, damit die Zuschauer ihnen nicht so genau auf die Finger sehen können und hinter das Geheimnis des Tricks kommen.

das Ei des Kolumbus sein

genau das Richtige, die beste Lösung seindie überraschend einfache Lösung eines Problems; genial.

Beim Festmahl des Kardinals Mendoza nahm Admiral Kolumbus ein Ei und fragte, wer von den Anwesenden dieses auf die Spitze stellen könne. Als alle verneinten, nahm er das Ei und schlug ein Ende platt, woraufhin es stand.

jemanden behandeln wie ein rohes Ei

mit jemanden sehr behutsam, rücksichtsvoll, vorsichtig umgehen

Ein rohes Ei ist äußerst zerbrechlich.

jemandem etwas eintrichtern

jemandem etwas „einbläuen", mühsam beibringen

Das im Jahre 1647 erschienene Buch „Poetischer Trichter" von Harsdörffer gab dieser Redensart seine Bedeutung.

höchste Eisenbahn sein

höchste Zeit für etwas sein; es ist ganz eilig.

Aus einem Stück des Berliner Satirikers Adolf Glaßbrenner.

aus einer Fliege einen Elefanten machen

siehe Fliege

das Ende vom Lied sein

der schlimme, unerfreuliche Ausgang einer Sache

Das Ende, der Schluss von Volksliedern, besonders der so genannten Moritaten (Küchenlieder), ist häufig sehr tragisch.

Das dicke Ende kommt nach!

Es wird eine böse Überraschung geben.

Das dickere Ende eines Gewehrkolbens, mit dem im Nahkampf zugeschlagen wird; bei Raufereien wird der Stock umgedreht, weil das dickere Ende schlagkräftiger ist.

eine Ente sein

eine Falschmeldung sein

Da ist jemand auf etwas hereingefallen. Canard (aus dem Französischen) bedeutet Ente, aber auch in manchen Wendungen Lüge, Schwindel. Auch möglich: Die Ente ist als unzuverlässige Brüterin bekannt, was ihr wahrscheinlich einen schlechten Ruf eingebracht hat. Im 19. Jahrhundert erschien eine französische Zeitung mit dem Titel LE CANARD ENCHAINEE (Die gefesselte Ente), auf den man heute den Ausdruck Zeitungsente zurückführt.

eine Eselsbrücke sein

ein passendes Hilfsmittel; etwas, durch das man sich erinnert

Esel weigern sich normalerweise beharrlich, auch kleinste Wasserläufe zu durchwaten. Daher baute man oft kleine Brücken, um mit den Lasttieren doch ans Ziel zu kommen.

Eulen nach Athen tragen

etwas mit hohem Aufwand dahin bringen, wo es im Überfluss vorhanden ist; ein sinnloses Unterfangen

Die griechische Göttin Athene war Schutzgöttin der nach ihr benannten Stadt Athen. Eines ihrer Symbole war die Eule. Die Athener prägten ihr zu Ehren Eulen auf die Rückseite ihrer Münzen. Daher die Folgerung, dass es in Athen wohl genug Eulen gab und man keine mehr dorthin zu transportieren brauchte.

etwas nach Schema F tun

es wie gewohnt, gleichförmig tun; langweilig, ohne Frische, altbacken.

Gleichförmige Abläufe sind nach dem preußischen, immer gleich aufzusetzenden Frontrapport benannt, der mit „F“ bezeichnet wurde.

Bloß nicht lange fackeln!

nicht zögern; den Gedanken sofort in die Tat umsetzen

Ein Ursprung könnte darin liegen, dass man besser etwas sofort abbrennt („zündeln“), als erst eine Fackel anzuzünden. Eine andere Deutung stammt aus dem Altdeutschen, wo „facken“ („ficken“) den Sinn von „hin und her bewegen“ hat.

den Faden verlieren

nicht mehr weiter wissen; während einer Rede den logischen Aufbau aus dem Auge verlieren

Theseus fand aus dem Labyrinth des Königs Minos von Knossos (Kreta) nur mit der Hilfe eines Fadens heraus, den Ariadne, die Tochter König Minos, ihrem Geliebten mitgegeben hatte.

der rote Faden

der durchgängige Gedankengang

Als roten Faden bezeichnet man die Hauptrichtung, den Hauptstrang, meist bei einer Erzählung oder einer Rede. Gemeint ist die Basis der Struktur innerhalb der Geschichte.
Angeblich eine Besonderheit in der ehemaligen Ausstattung der britischen Marine: Der rote Faden, der nicht entfernt werden konnte, kennzeichnete die Taue als Eigentum der Krone.

---

an einem seidenen Faden hängen

sehr gefährlich, bedroht sein

Das ist riskant, gefährlich, das kann schief gehen. Die Schicksalsgöttinnen spinnen nach germanischer Vorstellung den Lebensfaden des Menschen: Von seiner Stärke hängt dessen Lebensdauer ab.

jemanden nach Strich und Faden veräppeln

jemanden ganz, völlig, nach allen Regeln der Kunst täuschen

Es geht hierbei um alte Maße. Der Strich ist eine Längeneinheit, der zehnte Teil eines Zolles. Der Faden bedeutete ursprünglich so viel, wie ein Mann mit ausgestreckten Armen umfangen konnte. Oder aber die Redensart stammt aus dem Webereiwesen und bezeichnet die sich kreuzenden Fadenrichtungen.

Da beißt die Maus keinen Faden ab.

siehe Maus

die Fahne nach dem Wind drehen

anderen nach dem Mund reden

Ständig die eigene Meinung ändern. Auch „das Fähnlein nach …“
Die Wetterfahne ändert ihre Richtung mit dem Wind.

Was ist bloß in dich gefahren?

Was ist mit dir los? Was hat dich so verändert oder in diesen Zustand versetzt?

Nach alter Vorstellung kann der Teufel in einen Menschen fahren und dessen Geist beeinflussen.

---

eine Fahrkarte schießen

danebenschießen

Schützen bezeichnen so einen Treffer, der die Zielscheibe außerhalb der Ringe trifft. Das sieht dann so aus, als hätte ein Schaffner eine Fahrkarte abgeknipst, also entwertet.

Farbe bekennen

die Absicht offen legen, sich zu seiner Meinung bekennen

Vom Kartenspiel übernommen, bekennen bedeutet die aufgespielte Farbe zu bedienen.

sich mit fremden Federn schmücken

Die Leistung, das Wort oder die Tat eines anderen als die eigene ausgeben

In der Fabel „Die Krähe und der Pfau“ des Phädrus schmückt sich die Krähe mit Pfauenfedern, was ihr schlecht bekommt.

---

nicht viel Federlesen(s) um etwas machen

schnell handeln; kurzen Prozess machen, ohne Rücksicht vorgehen

Früher waren vor allem Bedienstete und Bittsteller bemüht, vornehmen Herrschaften angeflogene Federn von den Kleidern zu sammeln, um sich dadurch beliebt zu machen.

---

ein richtiger Federfuchser sein

ein kleinlicher Mensch, ein Pedant, pingelig sein

Fuchsen kommt von „fucken“, „facken“, also sich unruhig hin und her bewegen. Einen Federfuchser quält also die Feder.

sein Fett wegbekommen

seine gerechte Strafe, die richtige Antwort bekommen

Meist: sein Fett wegkriegen.
Beim Schlachten bekommt jeder nach seiner Mitarbeit die passende Menge Fett. Im Volksmund wurde die Redewendung später ironisch benutzt.

ins Fettnäpfchen treten

etwas Peinliches äußern oder sich auffällig verhalten

Es durch eine unbedachte Äußerung mit einem anderen verderben.
Zwischen Tür und Ofen erzgebirgischer Bauernhäuser stand ein Fettnäpfchen, mit dessen Inhalt die nassen Stiefel der Heimkehrenden geschmiert wurden. Wer durch Unachtsamkeit den Napf umkippte und so Fettflecken auf den Dielen verursachte, zog sich den Unmut der Hausfrau zu.

für jemanden die Hand ins Feuer legen

für jemanden bürgen; sich bei jemandem völlig sicher sein

Bei einem mittelalterlichen Gottesurteil musste der Angeklagte eine Zeit lang die Hand ins Feuer halten; der Grad der Verbrennung entsprach dem Grad des Verschuldens. Als unschuldig galt nur der, dem diese Tortur nichts ausmachte.

für jemanden durchs Feuer gehen

einem anderen zuliebe Opfer bringen, ihn stützen oder verteidigen; Schmerz oder schwere Bürde auf sich nehmen

Der Gang durchs Feuer mit bloßen Füßen gehört noch heute zu den Riten eingeborener Stämme und ist bei Fakiren Ergebnis äußerster meditativer Selbstversenkung ebenso wie das Liegen auf dem Nagelbrett oder die Durchbohrung beider Wangen mit einem Metallstab. In unserem Falle jedoch dürfte eher ein mittelalterliches Gottesurteil zugrunde liegen.

mehrere Eisen im Feuer haben

auf mehreren Füßen stehen; sich mehrfach absichern; verschiedene Lösungswege verfolgen

Ein Schmied, der zugleich mehrere Eisen im Feuer hat, spart Material, Energie und Zeit.

Feuer und Flamme für etwas sein

äußerst begeistert sein; schnell „Feuer fangen"

Durch die Doppelung des Begriffes wird seine Aussagekraft verstärkt.

Fersengeld geben

schnell weglaufen, abhauen, flüchten

Aus dem germanischen Volksrecht; „Fersengeld" war das Strafgeld für Deserteure.

etwas aus dem Effeff beherrschen

mit etwas überhaupt keine Schwierigkeiten haben, es bestens können

Ursprung wahrscheinlich im Mittelalter, als Schreiber Zitate aus den altrömischen Rechtsgrundsätzen mit dem griechischen Buchstaben Pi kennzeichneten. Schreibt man das kleine Pi unsauber, indem man die vertikalen Striche über den horizontalen Balken hinauszieht, sieht es aus wie ein doppeltes kleines „f".

sich etwas aus den Fingern saugen

sich etwas ausdenken, es erfinden

Das stimmt nicht, das ist gelogen, das hast du dir ausgedacht. Anspielung auf den Säugling, der an einem Finger saugt, weil er ihn für die Brustwarze seiner Mutter hält.

jemanden um den kleinen Finger wickeln

jemanden für sich gewinnen, ihn „bezirzen"

Wer sich wie Garn um den Finger wickeln lässt, ist sehr leicht zu beeinflussen.

---

weder Fisch noch Fleisch sein

unentschieden sein

Der kann sich nicht entscheiden.
In der Reformationszeit bekannten sich die Wankelmütigen eindeutig weder zum Katholizismus, der den Freitag zum Fischtag bestimmte, noch zum Protestantismus, für den es kein Fleischverbot gibt.

Du Flasche!

Als Flasche wird ein Schwächling bezeichnet, ein Angsthase, auch „Pflaume".

Wahrscheinlich hergeleitet aus dem italienischen „fiasco" (Flasche), das auf Deutsch „Misserfolg", „Zusammenbruch" bedeutet.

keine Fisimatenten machen

keine Schwierigkeiten, leere Ausflüchte machen

Keine Flausen im Kopf haben (kommt von Flusen, Wollflocken). Ursprung ist wahrscheinlich das bereits im 16. Jahrhundert belegte Wort „visepatenten“ aus dem Frühneuhochdeutschen in der Bedeutung ordnungsgemäß verdientes, schriftlich ausgefertigtes Patent. Das Fachwort wurde in Verspottung des Bürokratischen zum Begriff für unnötige Schwierigkeiten.

aus einer Fliege einen Elefanten machen

etwas hochjubeln, aus einer kleinen Sache ein großes Ding machen

die Flinte ins Korn werfen

aufgeben; das weitere Verfolgen einer Sache nicht mehr für sinnvoll halten

Ein Soldat, der seine Waffe wegwirft, gibt auf, will nicht mehr kämpfen.

flöten gehen

verloren gehen; verschwinden, weg sein

Mögliche Deutung aus dem Niederdeutschen: „fleeten" für fließen, pinkeln.

---

etwas in Hülle und Fülle haben

siehe Hülle

---

eine Galgenfrist haben

eine letzte Chance, einen letzten Aufschub vor der Entscheidung haben

Die kurze Gnadenfrist zwischen Verurteilung und Hinrichtung.

Galgenhumor haben

in einer ausweglosen Lage Witze reißen

ein Galgenstrick sein

ein Schurke, Halunke, verkommener Mensch sein

Der Strick ist ihm sicher. (auch: Galgenvogel)

Etwas ist gang und gäbe.

Es ist so üblich, ganz normal.

Nach mittelalterlichem Recht müssen Münzen „genge und gaebe“ sein, was bedeutet: das richtige Gewicht und Aussehen haben.

---

jemandem den Garaus machen

jemanden umbringen, töten

Angeblich nach dem Ruf, mit dem in deutschen Städten um 1500 das Ende des Tages und die Polizeistunde verkündet wurden. Eine ähnliche Erklärung: Das letzte Glas im Wirtshaus wurde von den Worten „Gar aus!“ begleitet, was gleichbedeutend mit „Jetzt ist Schluss!“ war.

hinter schwedischen Gardinen sitzen

im Gefängnis sitzen

Aus dem 30-jährigen Krieg, erinnert an die schwedischen Eroberer. „Gardinen“ war eine Verspottung der Gitterstäbe am Zellenfenster.

eine Gardinenpredigt halten

jemanden nerven, ihm Vorhaltungen machen

Halt mir keine Gardinenpredigt: Nerv nicht, lass stecken, sei still.
Strafpredigt der Ehefrau hinter dem Bettvorhang, wenn der Mann spät und nicht mehr nüchtern nach Hause kommt. Gardine kommt von dem lateinischen „cortina“, also Vorhang.

jemanden ins Gebet nehmen

mit jemandem ein paar klare Worte reden

Durch gemeinsames Beten ins Gewissen reden.

jemandem ins Gehege kommen

mit jemandem in Konflikt geraten, ihm in die Quere kommen

Im Gehege sind Mensch und Tier geschützt.

Geld stinkt nicht!

Es ist egal, womit man sein Geld verdient.

Geht auf den römischen Kaiser Vespasian zurück, der Steuern für Bedürfnisanstalten erhob.

sein ganzes Geld verbraten

siehe verbraten

Etwas ist Geldschneiderei.

Es ist Wucher, viel zu teuer, völlig übertrieben.

Um sich zu bereichern, wurden im Mittelalter oft Münzen an den Rändern beschnitten. Dadurch sank ihr Gewicht und damit ihr Wert.

geliefert sein

erwischt, entdeckt sein

Dem kann man seine Schuld nachweisen. Ist etwas geliefert worden, gibt es kein Zurück mehr.

auf etwas Gift nehmen (können)

unzweifelhaft sein

Das ist völlig klar, da gibt es keinen Irrtum. Früher wurden gifthaltige Arzneien verschrieben, um den Kranken zu helfen.

etwas (nicht) an die große Glocke hängen

etwas für sich behalten, nicht mit jedem darüber reden

Eine große Glocke ist nicht zu überhören, ihr Läuten bekommt jeder mit.

Gras über etwas wachsen lassen

etwas ruhen lassen, nicht ansprechen

Das ist vorbei, vergessen, erledigt.
Wenn über etwas Gras gewachsen ist, kann man es nicht mehr nachweisen. Ursprung ist das bäuerliche Umfeld. Dass ein anderer einen Flurschaden verursacht hatte, konnte man nur so lange nachweisen, wie kein Gras darüber gewachsen war.

ins Gras beißen

sterben

Der tödlich verwundete Krieger sinkt zu Boden und beißt mit letzter Kraft ins Gras.

das Gras wachsen hören

sich besonders schlau vorkommen

Wer das Gras wachsen hört, muss schon ganz besondere Qualitäten haben – die ihm kein Mensch abnimmt.

jemandem nicht grün sein

jemanden nicht leiden können

Möglicherweise aus dem Verkehr abgeleitet: Steht die Ampel auf Grün, ist freie Fahrt gegeben. Möglich wäre aber auch: grün ist positiv, Natur, Wachstum; wenn etwas nicht grün ist, ist es auch nicht positiv.

jemanden grün und blau schlagen

siehe blau

Haare auf den Zähnen haben

mit Vorsicht zu genießen sein

Bei der musst du aufpassen; die ist giftig. Wahrscheinlich vom so genannten Wolfsmenschen abgeleitet, der über und über behaart ist.

der Hahn im Korbe sein

sehr begehrt sein

Der Begehrteste in einer Gruppe; ein Mann unter jungen Mädchen.
Vor ihren Kämpfen werden in den südlichen Ländern die Hähne im Korb präsentiert und pflichtschuldig bewundert.

jemandem den roten Hahn aufs Dach setzen

dessen Haus in Brand stecken

Ein flatternder Hahn, dessen Federn an einem brennenden Haus Feuer gefangen hatten, soll im 16. Jahrhundert die halbe Stadt Würzburg angesteckt haben.

Etwas hängt einem (ganz schön) zum Halse heraus.

Von etwas hat man genug.

Es reicht, ich will es nicht wieder hören.
Manches Federvieh überfrisst sich und spuckt einen Teil der Nahrung aus.

Jemandem steht das Wasser bis zum Hals.

siehe Wasser

unter den Hammer kommen

versteigert werden

Mit dem Hammer wird auf Versteigerungen der Zuschlag erteilt.

die Hand auf etwas legen

etwas in Besitz nehmen

Durch das Auflegen einer Hand wurde früher ein Geschäft rechtsgültig.

seine Hand über jemanden halten

jemanden unter seinen persönlichen Schutz stellen

Der wird von mir gefördert. Hält ein Sekundant die Hand über seinen Schützling, wird der Kampf unterbrochen oder beendet.

jemandem das Handwerk legen

dem verbrecherischen Treiben eines anderen ein Ende machen

Wer gegen die strengen Bräuche der Zünfte verstieß, der wurde ausgestoßen; er bekam für eine Zeit lang oder auf Dauer Berufsverbot.

Etwas ist (wirklich) hanebüchen.

Etwas ist unverschämt.

Das übersteigt meine Vorstellungskraft.
Das Holz der Hain-, Hage- oder Hanebuche, einer Birke, ist äußerst hart und hält großem Druck stand.

---

jemanden hänseln

üble Scherze mit ihm treiben

Ursprung ist „für die Aufnahme in die Hanse reif machen", was von drastischen Handlungen und Zeremonien begleitet war.

jemandem zeigen, was eine Harke ist

jemandem sagen, wo es langgeht Mut beweisen

Wer lange in der Fremde war, erkannte bei seiner Rückkehr nicht einmal mehr die einfachsten Dinge wie eben eine Harke.

Mein Name ist Hase, ich weiß von nichts.

Ich bin völlig ahnungslos (und damit unschuldig).

Ursprung der Redensart soll ein Vorfall sein, bei dem ein Student namens Hase einem anderen einen Dienst erwiesen hatte und wegen dessen Unrechtmäßigkeit zur Rede gestellt wurde.

Da liegt der Hase im Pfeffer!

Das genau ist der Punkt, auf den es ankommt.

Wenn der Hase schon im Pfeffer schmort, ist es müßig, über seinen Tod zu diskutieren.

Viele Hunde sind des Hasen Tod.

siehe Hunde

---

unter die Haube kommen

heiraten, verheiratet werden

Verheiratete Frauen sollten früher ihr Haar unter einer Haube verstecken.

---

eine Heidenangst haben

große Angst haben, sich schrecklich fürchten

Die Wirkung von Worten wurde früher gerne mit der Vorsilbe „Heiden“ verstärkt, wie zum Beispiel auch „Heidenlärm“ oder „Heidenspaß“.

---

das Herz auf der Zunge tragen

siehe Zunge

auf Herz und Nieren geprüft werden

siehe Nieren

Etwas ist hieb- und stichfest.

Da ist nichts daran herumzudeuteln; das ist klar, unerschütterlich.

Die Panzerungen von Rittern oder Sportfechtern sollten undurchdringlich sein.

Der Vergleich hinkt.

siehe Vergleich

---

ins Hintertreffen geraten

einen Nachteil haben, überholt werden einen Vorteil einbüßen

Aus der Militärsprache: Aus der vorderen Reihe in eine hintere abgedrängt zu werden, galt als Nachteil.

Etwas ist der reinste Hintertreppenroman.

Etwas ist kitschig.

Sentimentaler Unterhaltungsroman. Früher verkauften Händler an der Hintertreppe der Häuser billige Romanhefte an die Dienstboten .

sich auf die Hinterbeine stellen

sich wehren; sich nicht abspeisen lassen

Stellt sich ein Pferd auf die Hinterbeine, ist es störrisch.

sich in die Höhle des Löwen wagen

sich mitten in die Gefahr begeben; in feindliches Terrain eindringen

Nach einer Fabel des Äsop, in der ein Löwe einen Fuchs in seine Höhle locken will, der aber nicht darauf reinfällt.

jemandem die Hölle heiß machen

ihm drohen; jemanden nicht in Ruhe lassen, ständig unter Druck setzen

Die katholische Kirche gab sich in der Vergangenheit alle Mühe, ihre Gläubigen schon bei Lebzeiten in Angst und Schrecken zu versetzen vor der schlimmen Hölle.

---

aus gutem Holz geschnitzt sein

etwas wert sein; Charakter haben; eine gute Basis besitzen

Was aus gutem Holz geschnitzt ist, lässt sich nicht verbiegen.

---

auf dem Holzweg sein

sich irren

Auf dem Weg, wo nur Holz transportiert wird und alles andere falsch ist.

jemandem Hörner aufsetzen

ihn betrügen

Ein Mann, der von seiner Frau betrogen wird und das nicht merkt, galt als so dumm wie ein (Horn-)Ochse.

immer ins gleiche Horn blasen

immer der gleichen Meinung wie ein anderer sein

Kommt daher, dass die Hörner früher nur einen einzigen Ton hervorbrachten, ganz gleich, wer auf ihnen blies.

Etwas geht aus wie das Hornberger Schießen.

Eine großspurig angekündigte Unternehmung geht völlig schief.

Die Hornberger erwarteten ihren Herzog, der sich Zeit ließ. Sie schossen so oft irrtümlich in die Luft, dass beim tatsächlichen Eintreffen des Regenten kein Schuss mehr übrig war.

sich die Hörner abstoßen

siehe abstoßen

Jacke wie Hose sein

siehe Jacke

---

die Hose voll haben

Angst haben

---

mit jemandem noch ein Hühnchen zu rupfen haben

mit jemandem noch eine Rechnung offen haben

Da ist noch etwas unklar; der kriegt von mir noch eine Abreibung; mit dem bin ich noch nicht fertig.
Ein Huhn, das in die Pfanne soll, muss vorher gerupft werden.

Da lachen ja die Hühner!

Das glaubt ja kein Mensch!

Es ist schon sehr unwahrscheinlich, dass Hühner über etwas lachen.

etwas in Hülle und Fülle haben

mehr als genug davon haben

Ist etwas in Hülle und Fülle vorhanden, dann gibt es dies mehr als genug, vollständig.

Da liegt der Hund begraben.

Das ist der entscheidende, schwierige Punkt, an dem etwas scheitert.

Im Mittelhochdeutschen bedeutet Hund „Beute“ oder „Raub“.

Bei diesem Wetter jagt man keinen Hund vor die Tür.

Es ist ganz schlechtes Wetter.

Den Letzten beißen die Hunde.

Der Letzte hat alle Nachteile.

Aus der Jägersprache: Das letzte, langsamste Tier wird von den Jagdhunden erwischt.

Hunde, die bellen, beißen nicht.

Einen Menschen, der leicht aufbraust, braucht man im Grunde nicht zu fürchten.

Von der Erfahrung abgeleitet, dass Hunde, die den meisten Krach machen, meistens auch die ängstlichsten sind.

Viele Hunde sind des Hasen Tod.

Wenn viele sich gegen einen verbünden, hat der keine Chance.

Aus der Jägersprache.

Der ist bekannt wie ein bunter Hund.

Den kennt ja wirklich jeder.

Bunte, also gescheckte oder unterschiedlich im Fell gefärbte Hunde sind weitaus auffälliger als einfarbige.

Er ist auf den Hund gekommen.

Er ist in schlechte Verhältnisse geraten, ihm geht es ganz mies, mit dem ist nichts mehr los.

Wer lebt wie ein Hund, der hat meistens keine großen Möglichkeiten mehr, sein Leben positiv zu gestalten.

hundsgemein sein

äußerst gemein sein

Früher lebten viele Hunde so gut wie wild; es ging ihnen schlecht, sie mussten um ihre Existenz kämpfen. Daher leiten sich viele Ausdrücke ab, die mit dem Begriff Hund kombiniert sind. Weitere Beispiele: hundsmiserabel – total schlecht, hundeelend – sehr elend.

mit etwas keinen Hund hinter dem Ofen hervorlocken können

mit etwas niemanden interessieren können

Aus der Umgangssprache: Ein Hund, der es sich an einem warmen Ort gemütlich gemacht hat, entfernt sich von dort nur, wenn ihm etwas Besonderes geboten wird.

---

ein dicker Hund sein

eine Ungeheuerlichkeit, etwas ganz Schlimmes sein

Da hast du dir aber was geleistet!
Ein dicker, also wohlgenährter Hund war früher eine äußerste Seltenheit (siehe oben)

---

am Hungertuch nagen

sehr hungrig, unterernährt sein

In den Kirchen des Mittelalters wurde zu Beginn der Fastenzeit ein Tuch vor dem Altar aufgehängt, um diesen vor den Blicken der Gläubigen zu verbergen; auch „Fastentuch" genannt.

alles unter einen Hut bringen

auf alles achten; alles berücksichtigen, mehrere Probleme auf einmal lösen.

Umgangssprachlich: Alles unter einem Hut bedeutet so viel wie alles wohl geordnet, gebündelt, zusammengesteckt.

Das geht mir über die Hutschnur.

Das ist mir einfach zu viel, das will ich nicht, das ist mir zu hoch.

Hutschnüre oder Hutbänder sitzen zwischen der Hutkrempe und dem Hutkörper – und damit sehr hoch, höher als der Kopf. Über der Hutschnur bedeutet also über dem Gehirn, nicht im Bereich des Denkens.

---

das Tüpfelchen auf dem I sein

etwas sein, das die Sache erst richtig rund, vollständig macht

Ohne den Punkt ist das „i" unvollständig.

jemanden impfen

ihm klar machen, was er zu sagen, wie er sich zu verhalten hat

Impfen schützt.

(etwas) indisponiert sein

„neben der Kappe", nicht gut in Form sein

Ihm geht es heute nicht besonders gut; aus dem Lateinischen: disponieren bedeutet planen.

---

jemanden in flagranti erwischen

ihn auf frischer Tat ertappen

Aus der Gerichtssprache; in flagranti heißt eigentlich „brennend“, deutlich, offenkundig.

---

inkognito bleiben wollen

unerkannt bleiben wollen

Aus dem Lateinischen; „cognoscere" bedeutet erkennen.

die Intelligenz mit dem Schaumlöffel gefressen haben

schlicht und einfach dumm sein

Ein Schaumlöffel hat Löcher, durch die Flüssigkeit abfließt.

---

ein richtiger Irrwisch sein

ein sehr unruhiger Mensch sein, nervös sein

Noch im 16. Jahrhundert nannte man die Fackel „Wisch“.

Jacke wie Hose sein

völlig egal sein

Früher waren Jacke und Hose oft aus dem gleichen Stoff geschneidert.

nicht der wahre Jakob sein

nicht das richtige Mittel zum (Zweck) sein

Der „wahre" heilige Jakob war für deutsche Pilger im Mittelalter der in der spanischen Stadt Santiago de Compostella. Auf Fromme, die sich einen Jakob aussuchten, der näher an ihrem Wohnort zu besuchen war, sahen sie verächtlich herab.

O Jemine!

Ausruf des Mitleids oder Bedauerns

Entstand aus „O Jesu Domine!"

nicht ein Jota zurücknehmen

überhaupt nichts zurücknehmen

Das Jota ist der kleinste griechische Buchstabe.

jemand nur alle Jubeljahre sehen

ihn ganz selten, in großen Abständen sehen (treffen)

Jedes halbe Jahrhundert verteilten die Israeliten das Land neu. Dieses „Jubeljahr" wurde dementsprechend feierlich begangen.

Kadavergehorsam

buchstäblich alles unhinterfragt machen, was ein anderer sagt

Aus den Jesuiten-Vorschriften; die Ordensmitglieder sollen sich von Gott und den Vorgesetzten leiten lassen, als seien sie ein Kadaver, ein Leichnam, der alles mit sich machen lässt.

---

um des Kaisers Bart streiten

siehe Bart

Kalauer

ein uralter Witz, ein nicht sehr geistreiches Wortspiel

Den Bewohnern der niederlausitzschen Stadt Kalau sagt man nach, Wortspiele perfekt zu beherrschen.

alles über einen Kamm scheren

keine Unterschiede machen; alles nach einem Schema betrachten

Beim Scheren von Schafen werden grobe und feine Wolle über unterschiedliche Kämme geschoren.

olle Kamellen

überhaupt nichts Neues

Damit sind nicht die noch vom letzten Rosenmontagszug übrig gebliebenen Süßigkeiten gemeint, sondern Kamillenpflanzen. Wenn man Kamillen zu lange lagert, gehen Aroma und Heilkraft verloren. Mit den alten Kamillen kann der Apotheker nichts mehr anfangen.

unter aller Kanone sein

kein Niveau haben, das ist unter jeder Kritik.

Die Redensart stammt nicht etwa von der Kanone, sondern vom lateinischen Schulausdruck „Kanon" wie Regel, Maßstab, Richtschnur. Was unter dem Kanon lag, war schlecht.

jemanden an die Kandare nehmen

ihn zügeln, ihn disziplinieren, streng maßregeln

Der Begriff kommt aus dem Ungarischen: „kantàr“ bedeutet „Zaum“. Die Kandare, eine einteilige Gebissstange am Zaumzeug des Reitpferdes, ermöglicht besonders scharfes Zügeln. Die heute oft benutzte „Trense“ ist durch ihre Konstruktion für das Pferd angenehmer.

etwas auf die hohe Kante gelegt haben

gespart haben

Geldmünzen werden in Papierrollen verpackt und hochkant aufbewahrt.

jemanden am Kanthaken packen

ihn hart hernehmen, grob anpacken

Walfische wurden früher sehr brutal mit Eisenhaken „auf die Kante“ gelegt.

ein unsicherer Kantonist sein

jemand sein, auf den man sich nicht verlassen kann

Preußische Könige teilten das Land in Kantone ein, um Truppen auszuheben; wer sich dem Militärdienst entziehen wollte, galt als unsicherer Kantonist.

etwas auf die eigene Kappe nehmen

für etwas Verantwortung tragen

Mit der Kappe wird der Kopf verhüllt; dieser ist eigentlich gemeint.

Kapriolen schlagen

Faxen machen, ausflippen

Das italienische Wort „capriola“ bedeutet „Bocksprung“.

für jemanden die Kastanien aus dem Feuer holen

sich für einen anderen in Gefahr begeben, für ihn das Risiko auf sich nehmen

In einer Fabel von Lafontaine überzeugt ein Affe eine Katze, Kastanien aus dem Feuer zu holen, die er dann schnell auffrisst.

einen Kater haben

Wer einen Kater hat, spürt die Folgen eines starken Rausches.

Der Kater ist hier die Verkürzung von Katzenjammer, was eigentlich „Kotzenjammer" hieß und die Nachwirkungen durchzechter Nächte besser charakterisierte.

für die Katz sein

vergeblich sein

Das nützt nichts, das hat keinen Sinn. Wahrscheinlich von dem Sprichwort abgeleitet „Was einer spart an seinem Mund, das ist für Katze und den Hund."

Nachts sind alle Katzen grau.

Bei Dunkelheit kann man keine Farben erkennen.

Wenn etwas nicht klar zu erkennen ist, kann dies gefährlich sein, man kann es sich aber auch zunutze machen.

wie Katz und Hund sein

grundverschieden sein, nicht zusammenpassen, Feinde sein

Die Verhaltensweisen dieser beiden Tiere untereinander sind allseits bekannt.

an den Katzentisch kommen

Bei einem größeren Essen werden die Kinder, wenn sie nicht an den großen Tisch passen, an einen kleineren gruppiert.

Ein „Tisch für Katzen“ kann nur ein ganz kleiner sein.

Die Katze lässt das Mausen nicht.

Das sagt man von einem Menschen, der sich sehr stark seinen Neigungen hingibt.

Das ist ein Wiederholungstäter.

---

wie eine Katze um den heißen Brei schleichen

sich unklar ausdrücken, etwas nicht klar benennen, sich um die Wahrheit drücken

---

Katzenwäsche machen

sich nur sehr oberflächlich waschen

Die Katze putzt sich zwar ständig, aber mit Wasser hat sie nichts im Sinn.

---

nur einen Katzensprung entfernt sein

Das ist ganz in der Nähe.

Katzen springen gut, aber nicht sehr weit.

die Katze aus dem Sack lassen

Du hast endlich ausgepackt, die Wahrheit gesagt, etwas zugegeben.

Eine Katze in einen Sack stecken lässt Böses vermuten; sie wieder herauslassen bedeutet die Entscheidung rückgängig machen.

---

die Katze im Sack kaufen

Wenn man für etwas bezahlen soll, dann will man auch seine Qualität überprüfen.

Schlafende Hunde soll man nicht wecken.

Alte Geschichten soll man ruhen lassen.

Wenn man Hunde weckt, reagieren sie ausgesprochen unwirsch.

ein komischer Kauz sein

Es handelt sich um einen etwas merkwürdigen Menschen.

Der Kauz, der als Nachtvogel oft gegen die Fenster der auch nachts erhellten Krankenstuben flog, wurde im Aberglauben zum Totenvogel. Später wurden menschliche Sonderlinge oder menschenscheue Außenseiter so bezeichnet.

in die gleiche Kerbe hauen

Du unterstützt das noch, du bestätigst es.

Schlagen Holzfäller oft in die gleiche Kerbe, fällt der Baum auch schneller um.

etwas auf dem Kerbholz haben

etwas ausgefressen haben, schuldig sein

Hölzer, in denen die Schulden eingekerbt waren, ersetzten früher Schuldbücher, weil viele Beteiligte das Schreiben und Lesen nicht beherrschten.

des Pudels Kern sein

siehe Pudel

mit Kind und Kegel reisen

komplett reisen, alle Familienmitglieder und den halben Hausstand mitschleppen

Als Kegel wurden früher uneheliche Kinder bezeichnet, insbesondere solche von Mägden und ihren Herren.

arm wie eine Kirchenmaus sein

äußerst arm sein, nichts haben

In Kirchen gibt es keine Vorratskammern. Daher ist die ärmste aller Mäuse eben die Maus, die in der Kirche wohnt. Auch im Französischen sorgt man sich um die „rat d'eglise".

die Kirche im Dorf lassen

nicht übertreiben

Kirchen bilden nun mal den Mittelpunkt eines Ortes; sie zu verlagern, wäre eine sehr ungewöhnliche Maßnahme.

Mit jemand ist nicht gut Kirschen essen.

Bei dem sollte man vorsichtig sein; der reagiert schnell aggressiv.

Die Redensart erklärt sich von selbst, wenn man den vollständigen Wortlaut kennt: „Mit hohen Herren ist nicht gut Kirschen essen, sie spucken einem die Steine ins Gesicht."
Zur Zeit, in der die Redensart entstand, war der Anbau von Kirschbäumen noch auf Klostergärten und Gärten der vornehmen Bevölkerung beschränkt.

klein beigeben

nachgeben, sich fügen

Die erst im 19. Jahrhundert aufgekommene Redensart kommt aus dem Kartenspiel, bei dem man „klein beigeben“ muss, wenn man keine hohen Karten mehr besitzt.

in der Klemme stecken

sich in einer ausweglosen Situation befinden

Kommt von „klemmen“, zusammendrücken, einzwängen; daher auch der Begriff „beklommen“.

jemanden über die Klinge springen lassen

jemanden fallen lassen oder sogar beseitigen; ihn nicht mehr berücksichtigen

Aus der Soldatensprache: Der Kopf springt nach einem Schwerthieb durch den Hals über die Klinge.

Etwas ist klar wie Kloßbrühe.

Etwas liegt auf der Hand; es ist eindeutig.

Aus der Küche; Brühe ist meist klar. Das Wort „Kloß“ entwickelte sich vom Begriff „Klumpen“.

Etwas geht Knall auf Fall.

Etwas geschieht sehr schnell, ganz plötzlich, unerwartet.

Aus der Jägersprache; auf den Knall der Flinte folgt sofort der Fall des erlegten Wildes.

---

etwas übers Knie brechen

eine Sache ohne viel Überlegen durchziehen, etwas voreilig in die Tat umsetzen, ohne sich Gedanken über die Folgen zu machen

Wird Holz über dem Knie zerbrochen, geht das zwar schnell, aber die Bruchkanten sind unsauber und gefährlich.

jemandem etwas abknöpfen

jemandem Geld oder andere Wertgegenstände wegnehmen

Reiche Herren trugen früher häufig goldene oder silberne Knöpfe, manchmal auch Münzen oder Medaillen, an ihren Röcken. In Geberlaune verschenkten sie gelegentlich solche Knöpfe an Untergebene.

---

ein echter Knüller sein

ein Hit sein, eine Sache, die sofort Erfolg bringt

Aus dem Journalismus; von „knellen" (jiddisch) für schlagen, kann aber auch von dem Begriff „knülle" (betrunken) stammen.

Kohldampf schieben

hungrig sein

Kohl leitet sich wahrscheinlich aus dem zigeunerischen „Kalo" für arm ab. Dampf stammt aus dem Rotwelschen und bedeutet „Hunger".

Die Kohle stimmt.

Die Bezahlung ist in Ordnung.

Wenn man früher genug Kohlen hatte, um im Winter zu heizen, war das gleichbedeutend mit barem Geld.

---

feurige Kohlen auf sein Haupt sammeln

an seinen Großmut appellieren, ihn beschämen

Aus dem Brief des Paulus.

Kopf und Kragen riskieren

etwas unter Einsatz des Lebens machen

Die Redensart stammt aus der Rechtssprache und bezieht sich auf die frühere Hinrichtung mit dem Schwert.

---

ein Brett vor dem Kopf haben

siehe Brett

den Kopf in den Sand stecken

siehe Sand

---

einen Korb bekommen

von einem Menschen, den man umwirbt, abgelehnt werden

Aus der Rittersprache. Die um die Gunst der daheim gebliebenen edlen Fräulein buhlenden Männer (so war dies Brauch) stellten sich unter das Fenster der Angebeteten, um ihr ein Ständchen zu bringen.
Meist ließ das Fräulein dann einen Korb vom Turm herunter. War sie ihm wohlgesonnen, war er – oben angelangt – am Ziel. Wenn nicht, konnte es passieren, dass auf halber Höhe der Korb zum Kippen gebracht wurde und der Liebeshungrige in die Tiefe stürzte.

---

die Flinte ins Korn werfen

siehe Flinte

jemanden aufs Korn nehmen

es auf jemanden abgesehen haben; ihn zum Ziel seines Spottes machen

Aus der Soldatensprache; das Korn ist der vorn auf dem Lauf einer Schusswaffe sitzende Teil der Visiereinrichtung.

Auch ein blindes Huhn findet mal ein Korn.

Jemand, der sonst immer nur daneben tappt, hat endlich einmal einen Treffer gelandet.

Blinde Hühner haben es schwerer, für ihren Lebensunterhalt zu sorgen.

bei jemandem in der Kreide stehen

bei ihm Schulden haben

Ließ man früher beim Wirt anschreiben, machte der sich mit Kreide Notizen auf einer Tafel.

Krethi und Plethi

eine bunt zusammengewürfelte Volksmenge, häufig abwertend gebraucht bei recht gemischten Besuchern eines Festes oder Ähnlichem

Biblischen Ursprungs; Mit „Krethi" könnte der Volksstamm der Südphilister und mit „Plethi" könnten die Nordphilister gemeint sein. Oder aus dem Hebräischen: Dort bedeutet „krethi" ausrotten und „plethi" fliehen.

ein Kreuz sein mit einem

es einem wirklich nicht einfach machen;
„Das ist schon ein Kreuz mit dir."

Das Kreuz hinauf nach Golgatha zu tragen war eine schwere Bürde.

zu Kreuze kriechen

nachgeben, sich unterwerfen

Zum Kruzifix zu kriechen war in der Kirche des Mittelalters eine strenge Buße.

eine Kröte schlucken müssen

etwas schwer Verdauliches annehmen müssen

Es ist schwer, das zu akzeptieren. Umgangssprachlich; leicht vorzustellen, dass es nicht ganz einfach ist, eine Kröte herunterzuschlucken.

Kröten

Geld: „Die paar Kröten …"

Stammt angeblich vom Groschen, „Groten", einer wenig kaufkräftigen Münze.

---

etwas nicht krumm nehmen

etwas nicht übel nehmen

Krummes wird im Gegensatz zum Geraden im Volksglauben als etwas Schlimmes oder Negatives angesehen.

jemandem nicht auf die krumme Tour kommen

aufrichtig sein

Sag mir die Wahrheit, belüge mich nicht.

Das weiß der Kuckuck.

keine Ahnung haben, ob das stimmt

Im Volksglauben hatte der Kuckuck die Fähigkeit, Dinge vorauszusehen.

Das geht auf keine Kuhhaut.

Das ist zu viel, unverschämt, unbegreiflich oder unzumutbar.

Es passt auf kein noch so großes Pergament, das früher aus Schafs- oder Kalbshäuten hergestellt wurde. Wenn etwas zu lang wurde, passte es nicht einmal mehr auf eine (viel größere) Kuh- haut.

abkupfern

abschreiben, kopieren

Aus der Welt der Kunst. Ein Zeichner fertigte ein Werk an und gab dem Kupferstecher den Auftrag, das Original äußerst exakt nachzuarbeiten, also „abzukupfern“. Der Stich war seit dem ausgehenden Mittelalter die einzige Möglichkeit, ein Kunstwerk zu vervielfältigen.

den Kürzeren ziehen

verlieren; benachteiligt sein, leer ausgehen

Wer beim Ziehen von Stäbchen das kürzeste zieht, ist der Verlierer.

Fertig ist der Lack.

Die Sache ist beendet.

Alles klar. Früher wurden Briefe mit einem Siegellack verschlossen.

der Gelackmeierte sein

hereingefallen, betrogen, angeschmiert sein

Wenn der Lack abbröckelt, kommt unter dem äußeren Glanz das Wahre, das Wirkliche zum Vorschein.

---

lakonisch

gleichgültig

Eine lakonische Antwort geben: eine eher gleichgültige, wortkarge Antwort.
In Lakonien (Griechenland) lebten Menschen, die als sehr mundfaul galten.

---

für jemanden eine Lanze brechen

für ihn gut reden, ihn verteidigen, für ihn eintreten

Im mittelalterlichen Zweikampf sprang der Sekundant für den vom Pferd gestoßenen Ritter ein.

etwas durch die Lappen gehen lassen

etwas verpassen

Das habe ich nicht geschafft, das ist mir entgangen, entkommen.
Aus der Jägersprache; das Jagdrevier wurde früher mit bunten Lappen begrenzt, die das Wild davon abhalten sollten, in ein fremdes Revier zu wechseln.

---

sich wie ein Lauffeuer verbreiten

sehr schnell überall bekannt sein

Aus der Soldatensprache; im Laufen wurde Pulver auf den Boden gestreut und angezündet.

---

jemandem den Laufpass geben

mit jemandem brechen, ihn wegschicken;
die Beziehung mit ihm beenden

Entlassene Soldaten bekamen einen Laufpass als Bestätigung und zur Empfehlung für eine Arbeitsstelle.

Dem ist eine Laus über die Leber gelaufen.

Der ist sehr gereizt, kurz vor dem Überschnappen.

Läuse erzeugen, über den menschlichen Körper laufend, Ekelgefühle. Stellt man sich vor, dass ein solches Tier über die eigene Leber krabbelt, kann man schon ausrasten.

---

es frei von der Leber weg sagen

es ohne Angst aussprechen, sich erklären

Die Leber galt lange Zeit als das Körperteil, in dem sich Wut und Zorn speichert.

---

vom Leder ziehen

eine verbale Attacke reiten

Auch: sich klar und deutlich äußern.
Vom Leder ziehen bedeutet die Klinge aus dem Lederfutteral ziehen und den Kampf beginnen.

jemandem auf den Leim gehen

auf ihn reinfallen

In der Vogelstellerei wurden die Fallen mit Leim (oder Pech) bestrichen, damit der Vogel kleben bleibt.

eine lange Leitung haben

etwas erst sehr spät verstehen; nicht der Schnellste im Denken sein

Bei einer langen Leitung tritt das Wasser erst geraume Zeit später aus, als es eingeleitet worden ist.

jemandem die Leviten lesen

ihn zurechtweisen, rügen

Das 3. Buch Moses enthält im 26. Kapitel heftige Flüche gegen Gesetzesübertreter. Die Tempelbeamten vom Stamme der Levi (= Leviten) wurden nach diesem Buch ausgebildet.

jemanden hinters Licht führen

ihn täuschen

Wird jemand hinter das Licht geführt, liegt das, was er gern sehen will, im Dunkel.

lichterloh brennen

in hellen Flammen lodern

Lohe bedeutet Flamme.

sein Licht unter den Scheffel stellen

aus Bescheidenheit seine wahren Fähigkeiten verheimlichen

Der Scheffel ist ein altes Hohlmaß, eine Schüssel. Wird ein Licht unter die Schale gestellt, ist es nicht zu sehen, brennt jedoch trotzdem.

das Ende vom Lied sein

siehe Ende

jemand über den Löffel barbieren

ihn betrügen, ihn lächerlich machen

Zahnlosen alten Männern wurde früher, um sie rasieren zu können, ein Löffel in den Mund geschoben.

sich in die Höhle des Löwen wagen

siehe Höhle

aus dem letzten Loch pfeifen

am Ende sein

Gemeint ist das letzte Loch einer Flöte; danach ist Schluss.

sich nicht lumpen lassen

nicht geizen, freigiebig, großzügig sein

Umgangssprachlich: sich nicht wie ein Lump verhalten.

Lunte riechen

die Gefahr wittern

Aus der Soldatensprache; Lunten rochen (besser gesagt: stanken) so stark, dass oft die Gegner schon vor dem eigentlichen Schuss gewarnt waren.

nur Mache sein

Theater, Angeberei, Getue sein

Es ist „gemacht" und deshalb nicht echt.

jemand in die Mache nehmen

ihn behandeln, in die Hände bekommen, tadeln, beeinflussen

ein Machtwort sprechen

siehe Wort

(bloß) keine Mätzchen machen

keine Ausflüchte machen, nicht ablenken

Ursprünglich das Kosewort für Matthias; Matz nannte man früher auch oft zahme Vögel, Mätzchen ihre Possen.

Makulatur reden

überflüssiges, doofes Zeug reden

Makulatur ist beim Druck schadhaft gewordenes, fehlerhaftes Papier, Altpapier, das auch als Untertapete benutzt wird.

mit Mann und Maus untergehen

alles verlieren; ihn den Fluten versinken

Aus der Schiffersprache.

etwas an den Mann bringen

etwas verkaufen, seine Ware loswerden

Auch: eine Nachricht verbreiten.

den Mantel nach dem Winde hängen

der gerade vorherrschenden Meinung zustimmen

Früher bestanden Mäntel aus Tüchern; die geschlossene Seite wurde dem Wind zugedreht.

Matthäi am Letzten sein

das allerletzte Geld ausgeben

Auch: der allerletzte Tag im Leben eines Menschen.
Aus der Kirchensprache; Matthäus-Evangelium.

---

jemandem das Maul stopfen

ihn zum Schweigen bringen

Ein Dieb, von einem Hund gestellt, versucht diesen mit Fressen am Bellen zu hindern.

Maulaffen feilhalten

die eigene Dummheit zur Schau stellen

Im Neuhochdeutschen ist ein mit offenem Mund Gaffender ein Maulaffe.

Da beißt die Maus keinen Faden ab.

Das steht fest, da ändert sich nichts dran.

Aus einer Fabel abgeleitet, in der eine Maus einen im Netz verfangenen Löwen dadurch rettet, dass sie die Fäden durchnagt.

mausetot sein

ganz tot sein

Eine Maus ist bereits beim ersten Schlag tot.

sich mausig machen

frech werden; aufbegehren

Aus der Jägersprache: Ein Falke in der Mauser verhält sich äußerst streitlustig.

jemandem übel mitspielen

jemandem großen Schaden zufügen

Auf das mittelalterliche Kampfspiel bezogen, bei dem es oft nicht ohne schwere Verletzungen ausging.

in den Mond gucken

leer ausgehen, nichts davon haben

Nach dem so genannten Volksglauben werden Menschen, die in den Mond gucken, blöde, nach dem Mittelhochdeutschen bloede, broede, schwach, gebrechlich.

hinter dem Mond sein

keine Ahnung haben, die Wirklichkeit nicht wahrnehmen

Bevor der erste Mensch auf dem Mond spazieren ging, war der Himmelskörper der Inbegriff von „weit weg", unerreichbar, „weltfremd".

Morgenstund hat Gold im Mund.

Frühes Aufstehen lohnt sich.

Geht anscheinend auf den altdeutschen Begriff „munt" zurück, was Hand bedeutet.

die Motten kriegen

sehr erstaunt sein

Motten zerstören Kleider, aber man hat noch nie davon gehört, dass sie Menschen befallen. Das wäre denn doch sehr überraschend.

Das ist Wasser auf jemandes Mühle.

siehe Wasser

Mumpitz sein

Blödsinn, dummes Geschwätz sein

Im Berliner Börsenjargon „erschreckendes Gerede", stammt eigentlich von „Mumme" wie Maske („Mummenschanz").

---

nicht auf jemand gemünzt sein

nicht gegen jemand gehen, nichts mit ihm zu tun haben

Im 16. Jahrhundert wurden Münzen mit rätselhaften Anspielungen geprägt.

jemanden mundtot machen

jemanden zum Schweigen bringen

Geht auf das altdeutsche „munt“ wie Macht zurück und hat eigentlich nichts mit dem Mund zu tun.

sich den Mund verbrennen

etwas Unbedachtes aussprechen

Eine unüberlegte Bemerkung machen, die sich später rächt.
Sich den Mund an zu heißer Speise verbrennen ist schmerzhaft.

sein Mütchen an einem anderen kühlen

seinen Zorn an einem anderen auslassen, oder auch seinen Übermut

Volkstümlich; bereits im Nibelungenlied benutzt.

jemandem nachstellen

ihn verfolgen

Oder (bei dem anderen Geschlecht): sich an sie oder ihn heranmachen.
Aus der Jägersprache: (Wild oder Vögeln) Fallen stellen.

den Nagel auf den Kopf treffen

haargenau das Richtige in einem bestimmten Moment sagen

Trifft man den Nagel nicht, gibt es einen blauen Finger.

die Nagelprobe machen

etwas sehr präzise nachprüfen

Aus dem Skandinavischen: Es wird auf die Gesundheit eines Menschen angestoßen. Dann stülpen sich alle den leeren Becher über den Daumen der linken Hand, um nachzuweisen, dass kein Tropfen übrig geblieben ist.

Etwas brennt jemand auf den Nägeln.

Er will das ganz schnell erledigen, hat es damit sehr eilig.

Früher klebten sich Mönche Kerzen auf die Daumennägel, um bei der Messe besser in den Gebetsbüchern lesen zu können. Wenn die Kerze herunterbrannte, konnte es passieren, dass sie sich verbrannten.

sich etwas unter den Nagel reißen

etwas an sich nehmen, sich ohne Recht aneignen

Umgangssprachlich; wahrscheinlich abgeleitet von Raubtieren, die ihre Beute mit ihren scharfen Nägeln reißen.

einen Narren an jemand gefressen haben

von jemand sehr eingenommen sein, wahrscheinlich zu Unrecht

Umgangssprachlich; ursprünglich „in ihn vernarrt sein“.

narrensicher sein

überaus sicher sein

Wenn etwas sogar vor Narren sicher ist, kann es wirklich nicht schief gehen.

jemanden an der Nase herumführen

jemanden täuschen

Sie/er hat mir falsche Hoffnungen oder Versprechungen gemacht.

jemandem etwas unter die Nase reiben

jemandem ständig wieder etwas vorhalten

Wird etwas unter die Nase gerieben, ist dessen Geruch besonders intensiv.

von etwas die Nase voll haben

von etwas genug haben, etwas überdrüssig sein

Das reicht mir, das will ich nie mehr.
Aus der Gaunersprache: wenn jemand kräftig eins auf die Nase bekommen hat.

sich die Nase begießen

viel trinken, mächtig bechern

Umgangssprachlich; die Nase wird nass, wenn man schnell und gierig trinkt.

naseweis sein

vorlaut sein

Eigentlich ein Kompliment für die Nase des Hundes, die auf die richtige Spur „weist".

ein alter Nassauer sein

ein Schmarotzer sein; auf Kosten von anderen leben

Hat nichts mit Nassauern zu tun, sondern rührt von „nass" für umsonst her.

vor Neid (fast) platzen

sehr neidisch sein

Etwas geht jemand (ganz schön) an die Nieren.

Es beschäftigt ihn sehr, es trifft ihn.

Die Nieren galten als Sitz des Gemüts.

auf Herz und Nieren geprüft werden

sehr genau und umfassend „unter die Lupe genommen" werden

Aus der Bibel, Psalm 7.

Da ist Holland in Not.

Da ist guter Rat teuer.

Wahrscheinlicher Ursprung: Wenn die Sturmfluten Holland überspülten, gab es keine Hilfe gegen die Naturgewalten. Not brach aus.

die Oberhand gewinnen

in einem Kampf oder einer Auseinandersetzung langsam in Vorteil kommen, in Führung gehen

Im Altertum hielt bei einem Zweikampf der Sieger so lange seine Hand über den Besiegten, bis dieser aufgab.

Oberwasser haben

im Vorteil sein, triumphieren

Das oberhalb einer Mühle angestaute Wasser treibt das Mühlrad schneller an als das untere abfließende Wasser.

Öl auf die Wogen gießen

beschwichtigen, besänftigen, beruhigen

Öl in stürmische See gießen glättet die Wogen.

wie ein Ölgötze dastehen

stumm und steif stehen, verlegen, dümmlich

Luther bezeichnete die mit heiligem Öl gesalbten römischen Priester als Ölgötzen.

mit etwas keinen Hund hinter dem Ofen hervorlocken können

siehe Hund

es faustdick hinter den Ohren haben

schlau, gerissen, durchtrieben sein

Nach altem Volksglauben hat die Verschlagenheit ihren Sitz hinter den Ohren.

Wände haben Ohren.

siehe Wände

sich etwas hinter die Ohren schreiben

sich etwas ein für alle Mal merken, etwas nicht mehr vergessen

Geht zurück auf die Pädagogik alter Tage, als man noch meinte, Schläge würden beim Lernen helfen.

jemanden übers Ohr hauen

ihn betrügen, täuschen

Beim Fechten schlagen unfaire Kämpfer dem Gegner gerne auf die Ohren, damit dieser weniger hört.

die Ohren steif halten

durchhalten, wachsam sein, sich nicht unterkriegen lassen

Wenn manche Tiere auf etwas aufmerksam werden, richten sie die Ohren auf, zum Beispiel Hunde oder Pferde; daher auch „Spitz die Ohren“ für „Hör gut zu“.

nicht ein solches Palaver machen

nicht einen solchen Aufstand machen; schwätz nicht so viel.

Aus Afrika; Palaver ist der Begriff für eine Versammlung (des Stammesrates).

jemanden (ganz schön) auf die Palme bringen

ziemlich nerven, jemanden ärgern, wütend machen

Werden Affen zornig, klettern sie auf Palmen und schwingen sich von Wedel zu Wedel.

unter dem Pantoffel stehen

sich dem Willen seiner Frau unterordnen

Im Mittelalter trugen die Frauen im Haus Pantoffel; aus dem gleichen Zusammenhang: „Pantoffelheld“.

nicht von Pappe sein

Hand und Fuß haben

Etwas ist nicht von der Hand zu weisen, hat was, ist gewichtig. Der Begriff hat nichts mit Karton zu tun, sondern bezieht sich auf „pappigen“ Kinderbrei.

kein Pappenstiel sein

keine Kleinigkeit sein

Auf Geld bezogen: „Das ist nicht gerade billig.“ Die niederdeutsche Bezeichnung für Löwenzahn, eine eher wertlose Pflanze, ist „Pfaffenstiel“.

seine Pappenheimer kennen

ganz genau wissen, mit wem man es zu tun hat

Aus Schillers „Wallensteins Tod“.

jemandem in die Parade fahren

ihn unterbrechen, ihm einen Strich durch die Rechnung machen

Nicht die Truppenparade ist Grundlage der Redewendung, sondern der erfolgreiche Stoß eines Fechters, der die Deckung des Gegners durchbricht.

jemandem Paroli bieten

dagegenhalten, standhalten, sich wehren

Aus dem Italienischen: „paro“ heißt gleich.

in der Patsche sitzen

in der Klemme sein, sich in einer Verlegenheit befinden

Patsche bedeutet das Gleiche wie Pfütze; gemeint war der Schlamm auf mittelalterlichen Straßen.

(noch) etwas in petto haben

(noch) etwas in Reserve haben

Ich habe noch etwas auf der Hinterhand. Aus dem Italienischen: „in petto“ bedeutet in der Brust.

---

eine (alte) Petze sein

ein Verräter sein, einer, der jemand anderen anschwärzt

Aus dem Niederdeutschen: „inpetzen“ bedeutet beschuldigen.

(noch) etwas auf der Pfanne haben

noch etwas in der Rückhand, in Reserve haben

Der ist clever.
Aus der Soldatensprache; in die Pfanne wurde bei alten Gewehren das Pulver geschüttet.

jemanden in die Pfanne hauen

jemanden verraten

Ihn anzeigen, ihn bei einem anderen beschuldigen. Umgangssprachlich; ein in die Pfanne gehauenes Ei ist kaputt.

mit jemandem Pferde stehlen können

sich auf jemanden verlassen können

Der ist bei jedem Schabernack dabei. Umgangssprachlich; Pferde stehlen kann man nur mit Partnern, auf die man sich blind verlassen kann.

das Pferd von hinten aufzäumen

eine Sache völlig falsch beginnen; eine logische Argumentationskette falsch beginnen

Umgangssprachlich; ein solches Aufzäumen kann nicht gelingen.

einen Pferdefuß haben

eine Schwierigkeit, etwas Negatives haben

Es gibt da einen Nachteil, einen schwierigen Umstand, der alles zum Scheitern bringen kann. Führt auf den Teufel mit seinem Pferdefuß zurück.

dahin gehen, wo der Pfeffer wächst

ganz weit weggehen, wo man demjenigen nicht mehr begegnet

Geh mir aus den Augen.
Im Mittelalter wussten viele Menschen nicht, woher der Pfeffer kam – nur dass das ganz weit weg war.

ein Ding mit Pfiff

siehe Ding

ein teures Pflaster sein

eine Gegend, in der alles viel Geld kostet

Hier ist alles ziemlich teuer.
Wo alles teuer ist, macht auch der Boden keine Ausnahme. Andere Quellen besagen, die Redensart stamme aus der medizinischen Sprache. Dabei geht es um so manches teure Pflaster, das von einem Arzt verschrieben worden ist.

jemanden anpflaumen

jemanden anmachen, necken

Kommt nicht etwa von Pflaume, sondern von Flaum.

von der Pike auf

ganz von vorne, von unten

Aus der Soldatensprache; die Waffe des einfachen Soldaten war früher die Pike, der Spieß.

nicht (so) pingelig sein

es nicht so genau nehmen

Ping ist im Kölnischen der Schmerz.

pomadig sein

arrogant, geschniegelt, schmierig sein

Aus dem Französischen; „pomade" bedeutet Salbe.

popelig sein

geizig sein; wenig großzügig sein

Stammt von dem lateinischen „populus", Volk.

von Pontius zu Pilatus geschickt werden

von einer Stelle zur anderen geschickt werden, sich die Hacken ablaufen

Pontius war Pilatus; die Redensart meint also, vom einen zum anderen und wieder zurückgeschickt werden.

postwendend antworten

sofort antworten

Früher gab man der Postkutsche auf dem Weg zur Endstation Briefe mit und bekam auf dem Rückweg gleich die Antwort.

Potemkinsche Dörfer

falsche Tatsachen; etwas, das gar nicht existiert

Fürst Potemkin zeigte Kaiserin Katharina während einer Reise auf der Krim Dörfer, die nur aus Fassaden bestanden, um der Regentin zu imponieren.

auf dem Präsentierteller sitzen

allen Blicken ausgesetzt sein; ihm Mittelpunkt stehen

Der Präsentierteller diente früher als Ablage für die Visitenkarte eines Besuchers.

als Prügelknabe herhalten müssen

anstelle des wirklich Schuldigen bestraft werden

Früher wurden arme Kinder für Taten bestraft, die reiche oder adlige Kinder begangen hatten.

wie ein begossener Pudel dastehen

einen erbärmlichen Anblick bieten; mit der ganzen Schuld beladen sein

Umgangssprachlich; nasse Pudel sehen etwas merkwürdig aus.

des Pudels Kern sein

die Hauptsache; das Eigentliche sein

Aus Goethes Faust.

der springende Punkt sein

das sein, auf das es ankommt

Ein Punkt, der einem „ins Auge springt".

am toten Punkt angekommen sein

nicht weiter wissen; fertig sein

Wenn Kurbel und Pleuel bei einer Maschine eine Gerade bilden, gibt es keine Kraft.

bis in die Puppen machen

ganz lange, bis in den frühen Morgen, durchfeiern

Im Berliner Tiergarten standen von den Einwohnern „Puppen" genannte Statuen. Der Weg von der Innenstadt bis zum Tiergarten war lang.

ein Quacksalber sein

ein Pfuscher sein

Ursprünglich ein auf Märkten laut schreiend seine Salben anpreisender Arzt.

sich um jeden Quark kümmern

sich in jede Kleinigkeit einmischen

Quark war früher ein billiges und damit wertloses Lebensmittel.

an der Quelle sitzen

etwas direkt beziehen

Waren direkt einkaufen oder auch Informationen auf dem schnellsten Weg bekommen.
Wer an der Quelle sitzt, kann das frische Wasser als Erster genießen.

---

jemandem in die Quere kommen

ihn an etwas hindern, sich ihm in den Weg stellen

Seine Pläne stören.
Auch: sich quer legen.

---

die Quintessenz sein

die Zusammenfassung des Inhalts sein

Das ist die Präzision der Aussage, der springende Punkt.
Aus dem Lateinischen: das fünfte Wesen, das fünfte Element.

mit jemandem quitt sein

mit ihm gleichgezogen haben

Eine offen stehende Rechnung bezahlt haben. Aber auch: sich an ihm gerächt haben.

etwas quittieren

eine Quittung ausstellen

Übertragen z. B. den Dienst quittieren: aus dem Beruf aussteigen.

die Quittung für etwas bekommen

die Rechnung präsentiert bekommen

Die Folgen tragen müssen.

stehlen wie die Raben

nichts anderes tun als stehlen

Ursprung ist die Vorliebe von Raben und Elstern für blitzende Gegenstände.

ein Rabenvater sein

seine Kinder schlecht behandeln

Raben werfen öfter ihre Jungen aus dem Nest.

---

das fünfte Rad am Wagen sein

sich überflüssig vorkommen, zu viel sein

Vier Räder hat ein Wagen, das fünfte kommt nur selten als Ersatz zum Zuge.

---

unter die Räder kommen

verwahrlosen, ein böses Schicksal erleiden; eine Niederlage hinnehmen müssen

Umgangssprachlich; vom Verkehrsunglück abgeleitet.

---

sich wie gerädert fühlen

sich ausgelaugt fühlen; einfach kaputt sein

Im Mittelalter galt die Todesstrafe des Räderns als besonders grausam.

außer Rand und Band sein

toben; losgelassen, nicht zu bremsen sein

Werden bei einem Fass Randeinfassung und Bänder gelockert, fallen Dauben und Boden auseinander.

seinen Rand ganz schön weit aufreißen

den Mund weit aufmachen

Der ist vorlaut, besserwisserisch, laut. Ein aufgerissener Rand ist verletzend.

jemandem den Rang ablaufen

ihn übertrumpfen, besiegen, seine Stelle einnehmen

Müsste eigentlich „Rank" heißen, womit eine Wegkrümmung gemeint ist, die ein cleverer Mensch durch Abschneiden verkürzt.

Die Ratten verlassen das sinkende Schiff!

Wenn ein vordem reicher oder berühmter Mensch ins Abseits gerät oder seine Privilegien verliert, verlassen ihn zuerst die „falschen" Freunde.

Aus der Seemannssprache übernommen: Ratten sind die ersten, die eine nahende Gefahr erkennen.

---

jemandem Rede und Antwort stehen

ihm Rechenschaft abgeben

Aus der Gerichtssprache übernommen.

---

jemanden zur Rede stellen

ihn zwingen, Antwort zu geben

Aus der Jägersprache: Wird ein Tier gestellt, kann es nicht mehr entkommen.

nach allen Regeln der Kunst

optimal; bestens, so wie es sein muss

Die Regeln der Gesangeskunst waren in der „Tabulatur", dem Gesetzbuch der Meistersinger, festgelegt.

vom Regen in die Traufe kommen

Wenn alles schon schlimm genug ist, kommt es noch schlimmer.

Wer sich vor dem Regen schützen will, sollte sich nicht unter den Ablauf der Dachrinne, die Traufe, stellen.

mit etwas richtig liegen

mit seiner Vermutung Recht haben

Aus der Seemannssprache: Liegt ein Schiff auf dem richtigen Kurs, ist alles in Ordnung; es stimmt.

wie ein Rohrspatz schimpfen

laut und ausdauernd schimpfen

Der Rohrspatz ist bekannt für seine Lautstärke.

Die Rolle ist ihm auf den Leib geschrieben.

Sie passt ganz und gar zu ihm.

Aus der Theatersprache.

Das spielt keine Rolle.

Das ist völlig egal.

Keine Rolle spielen heißt schlicht und einfach, nicht vorhanden zu sein.

aus der Rolle fallen

sich ungehörig, nicht entsprechend benehmen

Aus der Theatersprache; wer aus der Rolle fällt, verhält sich nicht wie erwartet.

nichts als Rosinen im Kopf haben

spinnen, träumen, Wahnvorstellungen nachgehen

Steht für Süßes, Positives, Ersehntes.

rot sehen

durchdrehen, die Kontrolle verlieren

Ein Stier, der rot sieht, wird aggressiv.

etwas im Kalender rot anstreichen

etwas ganz Wichtiges vermerken

Meist ironisch gebraucht.
Es ist erstaunlich, dass du daran gedacht hast.
Schon bei den Römern wurden wichtige Anmerkungen mit roter Tinte verfasst.

ein rotes Tuch sein

etwas sein, das Aggressionen auslöst

Das reizt ihn; das macht ihn wütend.
Gemeint ist das rote Tuch des Torero.

(wieder) ans Ruder kommen

(wieder) die Führung, die Leitung übernehmen

Aus der Seemannssprache.

einen Rüffel bekommen

einen Verweis, eine Rüge bekommen

Aus dem Niederdeutschen: „Ruffel“ bedeutet ungehobelt, rau.

in den Sack hauen

abhauen, flüchten, wegrennen

Bei schneller Abreise „hauten“ Handwerksburschen alle Utensilien in ihren Sack.

den Kopf in den Sand stecken

etwas nicht sehen, nicht wahrhaben wollen

Dem Strauß wird nachgesagt, dass er den Kopf in den Sand steckt, wenn er etwas nicht sehen will.

mit jemandem Schabernack treiben

ihn necken, ihm einen Streich spielen

Bei den Germanen galt ein geschabter Nacken als unehrenhaft.

---

sein Schäfchen ins Trockene bringen

einen Vorteil aus etwas ziehen; einen Gewinn erzielen

Wahrscheinlich von „Schepken“: Schiffchen.

---

jemanden in Schach halten

ihn auf Distanz halten; ihn bedrängen, angreifen, nicht in Ruhe lassen

Vom Schachspiel abgeleitet; wird der König des Gegners in ständigem Schach gehalten, kann er nicht selbst Initiative übernehmen.

---

eine Scharte auswetzen

etwas Negatives zum Guten wenden

Aus der bäuerlichen Sprache; Scharten an Sensen werden mit einem Stein ausgewetzt.

um jemanden herumscharwenzeln

sich bei ihm einschmeicheln

Aus dem Italienischen: „servente“ bedeutet Diener.

---

nicht über den eigenen Schatten springen (können)

es nicht schaffen, neue Wege zu gehen

Im Volksglauben ist der Schatten die Seele des Menschen.

---

aufpassen wie ein Schießhund

Acht geben; sehr wachsam sein

Herleitung vom Vorstehhund des Jägers, für den ein Schuss das Signal ist, das Wild herbeizuholen.

---

mit allen Schikanen

mit allem Drum und Dran; mit allem, was dazugehört

Ursprünglich von „schicken“ abgeleitet.

etwas im Schilde führen

irgendetwas vorhaben; etwas planen

Im Schild führten die Ritter des Mittelalters ihre Familienwappen.

jemand auf den Schild heben

ihn loben, ehren, zum Führer machen

Einst wurden frisch gekrönte Könige auf einem Schild der Menge präsentiert.

etwas (einen Elfmeter) herausschinden

einen (ungerechtfertigten) Vorteil herausholen

Ein Schinder ist ein Abdecker.

mit jemandem Schindluder treiben

gemein zu ihm sein; ihn bösartig behandeln

siehe Schinder

jemanden beim Schlafittchen packen

am Kragen packen; durchrütteln

„Schlafittich" ist der Rockschoß.

Da hast du den Schlamassel!

Vorwurf gegen jemanden, der etwas getan oder geplant hat, das dann schlecht ausgegangen ist

Wahrscheinlich eine Kombination aus deutsch „schlimm" und jiddisch „mazol" für Glück.

jemandem auf die Schliche kommen

seine wahren Absichten erkennen

Aus dem Mittelhochdeutschen; „slich" bedeutet leise gleitender Gang.

geschmiert (worden) sein

bestochen (worden) sein

Umgangssprachlich: Ein geschmiertes Getriebe läuft rund.

jemandem eine schmieren

ihm eine runterhauen

Schmiere stehen

bei einer Straftat den Aufpasser spielen

Aus dem Hebräischen: „schemirah“ bedeutet Bewachung, Beaufsichtigung.

jemandem ein Schnippchen schlagen

ihn übertölpeln; ihm einen Streich spielen, ihn besiegen

Von „schnippen“: einen Finger schnell bewegen.

einen Schnitzer machen

einen Fehler begehen

Vermutlich hergeleitet von „einen fehlerhaften Schnitt“ (beim Holzschnitzen) tun und dadurch alles verderben.

jemandem völlig schnuppe sein

ihm egal sein, ihn nicht interessieren

Vermutlich eine Berliner Redensart aus dem 19. Jahrhundert.

Das klappt ja wie am Schnürchen.

Das geht großartig, ohne Probleme, leicht.

Marionetten werden an den Schnüren bewegt.

---

etwas auf die leichte Schulter nehmen

es nicht ernst nehmen

---

jemandem die kalte Schulter zeigen

ihn abblitzen lassen

Die warme Schulter war die von Tuch bedeckte, die kalte die freie, offene.

Das kann kein Schwein lesen.

Das ist nicht zu lesen.

Es heißt, nur die Mitglieder der Familie Swyn in Schleswig konnten im Umkreis lesen.

Schwein gehabt.

Glück gehabt.

Das Schwein ist Sinnbild für Glück.

---

vor jemandem (oder etwas) die Segel streichen

aufgeben, nachgeben

Das Einholen der Segel war ein altes Zeichen für ein Schiff, das sich dem Feind ergab.

---

volle Breitseite geben

siehe Breitseite

jemandem Brief und Siegel geben

siehe Brief

wie am Spieß schreien

laut, gequält schreien

Umgangssprachlich; am Spieß zu stecken ist doch ziemlich schmerzhaft.

den Spieß umkehren

aus einer negativen Sache etwas Positives machen

Aus der Soldatensprache; wer im Kampf den Spieß umkehrt, wird vom Angegriffenen zum Angreifer.

Spießrutenlaufen

vor anderen etwas Negatives tun müssen, Aufmerksamkeit auf sich ziehen, sich blamieren müssen

Bei den Römern mussten Verurteilte durch eine Doppelreihe von Soldaten laufen, die mit Spießen auf den zu Bestrafenden losstachen, wobei dieser meist den Tod fand.

ein Spießbürger sein

sehr konservativ, nicht flexibel sein

Er hält an alten Anschauungen fest. Im Mittelalter verteidigten sich die Bürger mit Spießen, während die Söldner Hellebarden trugen. Als die Kleinstädter die Entwicklung hin zu den Feuerwaffen verschliefen und noch im 16. Jahrhundert bei der alten Bewaffnung blieben, erhielt das Wort Spießbürger einen negativen Klang.

etwas springen lassen

eine Runde ausgeben, etwas spendieren

Wer eine Münze auf die Theke springen lässt, bezahlt eine Runde.

jemandem auf die Sprünge helfen

ihm etwas erklären, ihn aufklären

Aus der Jägersprache.

nur einen Katzensprung entfernt sein

siehe Katzensprung

bei jemandem einen Stein im Brett haben

Jemand ist einem wohlgesinnt.

Vom Brettspiel; am Ende einen Stein auf dem Brett haben bedeutet gewinnen.

Steter Tropfen höhlt den Stein.

siehe Tropfen

Stein und Bein schwören

etwas lautstark und überzeugend versichern

Stein und Bein waren Symbole der Standhaftigkeit, des Charakters.

---

jemanden im Stich lassen

nicht zu ihm halten, ihn allein lassen, ihn aufgeben

Die Biene stirbt, wenn sie sticht.

Stichproben nehmen

einen kleinen Teil von etwas untersuchen

In geschmolzenes Metall wurde früher gestochen, um den Hitzegrad zu ermitteln.

Jemandem geht etwas gegen den Strich.

Damit ist er nicht einverstanden.

Kommt von „gegen den Strich gebürstet“.

---

jemanden nach Strich und Faden veräppeln

siehe Faden

Süßholz raspeln

einer Frau den Hof machen, ihr „schöntun“

Wahrscheinlich von „süße, wohlklingende Rede“.

viel reden, wenn der Tag lang ist

nicht ernst zu nehmen sein, dummes Zeug schwätzen

Dem muss man nicht glauben. Wenn einer den lieben langen Tag redet, kann nicht viel Vernünftiges dabei herauskommen.

---

die Nacht zum Tage machen

sich die Nacht um die Ohren schlagen

„Der blüht erst nachts richtig auf."

---

in den Tag hineinleben

nicht arbeiten, alles leicht nehmen, träumen, „gammeln"

Seine Tage sind gezählt.

Er wird nicht mehr lange hier sein; er lebt nicht mehr lange.

Wenn die Tage eines Menschen gezählt sind, ist abzusehen, wie lange er noch bleibt.

etwas aufs Tapet bringen

etwas zur Sprache bringen

Die Tischdecke in einem Sitzungszimmer, die Bespannung von Konferenztischen nennt man Tapet. Aus dem Französischen: „tapis" ist der Wandteppich.

anderen auf der Tasche liegen

sich von anderen durchfüttern, versorgen lassen

In der Tasche trägt man gewöhnlich sein Geld herum; wer auf ihr „liegt", der lässt sich „aushalten".

Einem nackten Mann kann man nicht in die Tasche greifen.

Von einem, der nichts hat, kann man auch nichts bekommen.

die Stadt wie seine Westentasche kennen

ganz genau Bescheid wissen

mit jemandem ein Techtelmechtel anfangen

eine Liebschaft beginnen

Aus dem Österreichischen: „dechtl mechtl" bedeutet geheimes Einverständnis; vielleicht auch aus dem Italienischen: „teco meco" heißt „ich mit dir, du mit mir", also „unter vier Augen".

Scher dich zum Teufel!

Hau ab! Mach, dass du wegkommst! „Zieh Leine"!

Das müsste ja mit dem Teufel zugehen.

Das ist nicht zu glauben, das kann nicht wahr sein, das ist sehr unwahrscheinlich.

Hier ist der Teufel los!

Hier geht alles drunter und drüber; hier ist viel los; es gibt keine Ordnung mehr.

reinen Tisch machen

etwas aufklären; eine Tat zugeben, gestehen

Wenn der Tisch gereinigt wird, ist danach alles wieder sauber und klar.

---

etwas unter den Tisch fallen lassen

etwas vergessen, nicht weiterverfolgen, ruhen lassen

Was unter den Tisch fällt, soll nicht wieder aufgehoben und auf den Tisch gebracht werden.

---

das Tischtuch zerschneiden zwischen zwei Menschen

dem anderen die Freundschaft kündigen, eine Beziehung beenden

Früher wurde bei einer Ehescheidung ein Tischtuch zerschnitten; beide Gatten behielten je eines der Teile.

---

an den Katzentisch kommen

siehe Katzentisch

ein (prächtiges) Eigentor schießen

sich selbst schaden

Aus der Fußballsprache übernommen; meist bei verbalen Ausrutschern gebraucht.

Torschlusspanik haben

Angst haben, keinen Mann abzubekommen

Bis ins 19. Jahrhundert hinein mussten abends die Stadttore geschlossen werden; Fremde hatten bis dahin die Stadt zu verlassen und konnten in Panik geraten, wenn sie sehr spät dran waren.

---

vom Regen in die Traufe kommen

siehe Regen

---

jemandem etwas eintrichtern

siehe eintrichtern

Steter Tropfen höhlt den Stein.

Hartnäckigkeit führt zum Ziel, auch wenn es lange dauert.

jemandem übel mitspielen

ihm Schaden zufügen, ihn schlecht behandeln

ein notwendiges Übel sein

etwas sein, das schlecht, aber nicht zu ändern ist

jemanden überfahren

ihn überlisten, überraschen

jemanden überführen

ihm seine Schuld beweisen

überkandidelt sein

überspannt sein, sich übertrieben benehmen

Seine Uhr ist abgelaufen.

Sein Tod steht kurz bevor.

sich für etwas nicht umbringen

sich nicht sehr darum bemühen

Etwas ist nicht umzubringen.

Es ist nicht kaputtzukriegen, unverwüstlich.

---

in anderen Umständen sein

schwanger sein

keine Umstände machen

unkompliziert sein

etwas unter keinen Umständen dulden können

etwas auf gar keinen Fall akzeptieren

seine Hände in Unschuld waschen

die eigene Schuldlosigkeit beteuern

Römer wuschen sich vor Gericht die Hände, um so ihre Unschuld zu beweisen.

kein Unschuldslamm sein

nicht unschuldig sein

Der Wolf ist in der christlichen Symbolik der Schlimme und das Schaf unschuldig.

sein Unwesen treiben

eine verbrecherische Tätigkeit ausüben

Unwesen bedeutet schlechtes Wesen.

Das ist vielleicht ein Vehikel!

ein komisches, ein merkwürdiges Fahrzeug

Von dem lateinischen „vehiculum“: Transportmittel.

jemanden veräppeln

ihn aufziehen, veralbern, „verarschen“.

Entweder aus dem Jiddischen, in dem „eppel“ „nichts“ bedeutet; oder berlinerisch: mit faulen „Äpgerln"(Äpfeln) oder Pferdeäpfeln bewerfen.

sich in etwas verbeißen

nicht mehr davon wegkommen, es zur wichtigsten Sache machen

Wenn sich ein Hund in etwas verbeißt, dann verkrampfen seine Kiefer und die Zähne können sich nicht mehr lösen.

sein ganzes Geld verbraten

alles ausgeben

Verbraten steht für „in Saus und Braus leben“.

---

jemanden zu etwas verdonnern

(zu einer Strafe) verurteilen

Wahrscheinlich von donnern in dem Sinn von sehr laut reden.

---

verduften

verschwinden

Verduften bedeutet: den Duft verlieren, die Spur also.

---

sich (mächtig) verfranzen

sich verirren, den Weg verlieren

Aus der Fliegersprache; der Beobachtungsoffizier wurde „Franz“ genannt.

Der Vergleich hinkt.

Der Vergleich ist schlecht gewählt, er passt nicht.

Wenn ein Mensch hinkt, dann läuft er nicht rund, hat Schwierigkeiten beim Gehen.

---

jemanden zu etwas verknacken

einen Straftäter verurteilen, einsperren

Geht auf das Verrenken von Knochen zurück.

---

sich (total) verknallen

sich verlieben

Der Knall einer aus einer Waffe abgeschossenen Patrone ist kurz und laut, also unüberhörbar.

---

verschütt gehen

verschollen sein

Der ist weg, ich habe ihn nie mehr gesehen; keine Ahnung, wo er geblieben ist.
Vom Niederdeutschen schütten: einsperren.

sich verzetteln

keinen Durchblick mehr haben

Das planvolle Vorgehen geht verloren; Zettel geraten sehr schnell durcheinander.

---

mit offenem Visier kämpfen

klar und deutlich sagen, was los ist

Visier kommt aus dem Französischen und bedeutet Gesichtsschutz. Visiere trugen die Ritter an ihren Helmen.

Es ist zum die Wände hochgehen.

Es ist zum Verzweifeln.

Wer die Wand hochgehen will, muss schon recht verzweifelt sein; er weiß, dass das nicht geht.

gegen eine Wand reden

nicht durchdringen; „Der hat seine Ohren auf Durchzug gestellt"; der will nichts (mehr) hören.

Eine Wand kann nicht antworten.

Wände haben Ohren.

Vorsicht, hier wird gelauscht. Sei still, es könnte jemand zuhören.

Nicht die Wände haben Ohren, sondern in Wirklichkeit die Menschen, die dahinter wohnen.

Stille Wasser gründen tief.

Wer wenig sagt, ist oft ein großer Denker

---

wie ein Wasserfall reden

überhaupt nicht mehr aufhören zu reden, unablässig sprechen

Der Wasserfall bedeutet hier so viel wie endlos fließendes Wasser.

ins kalte Wasser springen

etwas wagen; ohne Sicherheit etwas beginnen

Es kostet reichlich Überwindung, in kaltes Wasser zu springen.

Etwas fällt ins Wasser.

Es findet nicht statt, ist abgesagt.

Was ins Wasser fällt, ist (schwimmt) weg.

Jemandem steht das Wasser bis zum Halse.

Er ist in Not, befindet sich in einer schrecklichen Situation.

---

kein Wässerchen trüben können

Gemeint ist, dass jemand zwar harmlos aussieht, es aber wahrscheinlich „faustdick hinter den Ohren hat".

Was Wasser nicht trübt, muss klar und rein sein.

jemandem nicht das Wasser reichen können

ihm nicht gewachsen sein; „Das ist kein ebenbürtiger Konkurrent."

Früher aß man mit den Händen und ließ sich danach von der Dienerschaft Wasser zum Waschen reichen.

Das ist Wasser auf jemandes Mühle.

Das ist eine Bestätigung.

Trifft Wasser auf das Mühlrad, beginnt die Mühle erst zu mahlen.

---

jemandem fließt das Wasser im Munde zusammen

jemand freut sich auf etwas; bekommt großen Appetit.

Auch: scharf auf etwas sein.
Wenn man große Vorfreude auf eine bestimmte Speise verspürt, dann bildet sich im Mund Speichel.

mit allen Wassern gewaschen sein

clever sein; alle Tricks kennen

Wer mit „allen" Wassern gewaschen ist, der hat viel von der Welt gesehen, der weiß Bescheid.

sich über Wasser halten (können)

am Existenzminimum lebe

jemandem das Wasser abgraben

ihm die Lebensgrundlage entziehen; ihn fertig machen

Wasser ist lebensnotwendig; gräbt ein Bauer dem Nachbarn das Wasser ab, indem er es umleitet, dann kann auf den Feldern des Nachbarn nichts mehr wachsen.

Katzenwäsche machen

siehe Katzenwäsche

jemandem auf den Wecker fallen

ihn nervös machen, belästigen, nerven

Der Wecker als Sinnbild des Alarmrufes, der den Nerven gilt. Auch jemandem auf den Geist (oder den Keks) gehen, auf die Nerven fallen.

jemandem reinen Wein einschenken

die Wahrheit sagen

Reiner Wein ist ungetrübt.

jemanden durch den Wolf drehen

ihn verhören, ihn „durch die Mangel drehen", ihn hart, rücksichtslos behandeln

Im „Fleischwolf" zerkleinert der Metzger das Fleisch.

hungrig wie ein Wolf sein

äußerst hungrig sein

Wölfe gelten gemeinhin als sehr gefräßig.

ein Wörtchen mitreden (wollen)

mitbestimmen (wollen)

ein Machtwort sprechen

eine klare Anweisung geben; etwas endgültig entscheiden

Ist das dein letztes Wort?

Hast du nichts mehr zu sagen? Ist die Diskussion endgültig vorbei?

Das letzte Wort bei einem Handel gilt.

jemanden beim Wort nehmen

ihn auf das, was er gesagt hat, festnageln

ein großes Wort gelassen aussprechen

etwas ganz Wichtiges ganz bescheiden aussprechen

Ein Goethe-Zitat.

---

wie ein Berserker wüten

siehe Berserker

---

etwas geht um die Wurst

es geht um alles

Bei ärmeren Leuten wurde früher als Preis bei einem Wettkampf nicht ein ganzes Schwein ("Schwein gehabt!"), sondern nur eine Wurst ausgelobt.

---

etwas ist jemandem Wurst

es ist ihm egal, gleichgültig

Wurst war anfänglich eine weniger feine Kost, da in ihr allerlei Innereien verarbeitet wurden.

jemand ist ein armes Würstchen

er ist bedauernswert

Jemand ist nicht viel mehr wert als eine dünne Wurst.

---

das Übel an der Wurzel packen

etwas durch Ausrupfen der Wurzel ganz und gar vernichten

Wurzeln schlagen

lange warten

Wenn eine Pflanze Wurzeln schlägt, hat sie einen festen, unveränderlichen Standort – und das dauert eine Weile

jemandem ein X für ein U vormachen

ihn täuschen oder belügen, ihm etwas Falsches vorspiegeln

Im Mittelalter dienten die römischen Buchstaben als Zahlzeichen. Das V, damals zugleich U, bedeutete 5. Zwei V, das eine verkehrt unter das andere gesetzt, ergaben X, was 10 bedeutete. Wenn man also das V undeutlich schrieb, konnte man es leicht nachträglich als X ausgeben und so betrügen. Das nutzten auch Wirte beim Notieren der Schulden ihrer Kunden.

---

eine x-beliebige Zahl

völlig egal, welche Zahl gemeint ist

In der Mathematik steht das X für unbestimmt, variabel.

---

x-mal

(unbestimmt) viele Male

auf Zack sein

schlagfertig sein, durchblicken, "auf Draht" sein

Kommt wahrscheinlich aus der Militärsprache und wurde von "zackig" abgeleitet.

einen Zacken drauf haben

schnell sein

Stammt wohl ebenfalls von "zackig" ab.

sich keinen Zacken aus der Krone brechen

sich nicht anstellen, etwas mitmachen

Bricht ein Zacken aus einer Krone, ist dies ein Verlust. Das Gegenteil ist also kein Verlust

jemandem den Zahn ziehen

jemandem die Flausen austreiben

Dieses Vorhaben wird dir nicht gelingen; das kannst du mit mir nicht machen. Umgangssprachlich; wenn ein Zahn faul ist, muss er gezogen werden – und wenn an einer Sache etwas faul ist, muss sie dem Betreffenden ausgeredet werden.

---

bis an die Zähne bewaffnet sein

Ist jemand bis an die Zähne bewaffnet, dann hat er bildlich gesprochen zusätzlich zu all seinen Waffen auch noch ein Messer im Mund, ist also hoch gerüstet.

Aus der Sprache der Diebe.

---

etwas für den hohlen Zahn sein

viel zu wenig sein

Wem früher ein Zahn gezogen worden war, der ließ sich bei genügend Kleingeld einen hohlen Zahn einsetzen, um die Lücke zu schließen. In einen solchen hohlen Zahn konnte man nicht gerade viel (Schnaps) gießen.

jemandem auf den Zahn fühlen

überprüfen, ob jemand es ehrlich meint, ob er bei einem Handel zum Beispiel solvent genug ist

Aus dem Pferdehandel; auch wenn ein Gaul geschniegelt und gestriegelt daherkam: Ein Kenner ließ sich davon nicht blenden, sondern fühlte im Maul des Pferdes, wie sehr dessen Zähne abgekaut waren, wovon man auf das Alter schließen konnte.

ein steiler Zahn sein

Der oder die Betreffende sieht gut aus, hat Sexappeal, macht ganz schön was her, ist aufreizend.

Ein steiler ist ein sehr gerader Zahn, schön anzusehen, gut gewachsen, ein „Prachtstück".

einen Zahn zulegen

schneller werden; mehr Gas geben

Das Zahnradgetriebe von Motoren stand Pate bei dieser Redewendung. Einen Zahn zulegen bedeutet einen höheren Gang einlegen. Eine weitere Deutung: Über der Feuerstelle im Haus hing der Topf an einer Art Sägekamm. Wurde der Topf einen Zahn weiter nach unten gehängt, wurde das Essen schneller fertig. Ähnlich: einen tollen Zahn draufhaben.

Haare auf den Zähnen haben

siehe Haare

der Zankapfel sein

Anlass eines Streites sein

Ursprung der Redensart ist die griechische Sage vom Urteil des Paris, der entscheiden musste, wer von den drei Göttinnen Hera, Athene und Aphrodite die Schönste sei. Indem er den als Preis bestimmten Apfel der Aphrodite reichte, wurde dieser zum „Zankapfel" und führte zum Trojanischen Krieg.

Zaster

Zaster bedeutet Geld.

Dieser Ausdruck aus der Gaunersprache kam voriges Jahrhundert in Berlin auf. Die Quelle ist wahrscheinlich der Begriff „saster“ (Eisen) aus der Sprache der Romani.

fauler Zauber sein

Mit faulem Zauber ist die Vorspiegelung falscher Tatsachen gemeint, ein Täuschungsmanöver.

Aus dem Umgangssprachlichen; wenn ein Zauber faul ist, dann geht es um einen Schwindel.

Streit vom Zaun brechen

unverhofft oder unberechtigt eine Auseinandersetzung beginnen; Lust haben zu streiten

Ein Landstreicher oder Gelegenheitsdieb brach eine Latte vom Zaun, um eine Waffe zu besitzen.

mit dem Zaunpfahl winken

etwas überdeutlich ansprechen, das Gegenteil von einer Andeutung machen, etwas grob übertreiben

Auch hier kommt wieder der Dieb ins Spiel, der seine Drohgebärden mit einem ausgerissenen Pfahl unterstützte.

sich mächtig ins Zeug legen

sich ins Geschirr legen wie ein landwirtschaftliches Zugtier

Bäuerliche Umgangssprache.

das Zeug zu Großem haben

die Anlage oder die notwendigen Voraussetzungen für große Aufgaben haben

Aus der Sprache der Landsknechte; die mussten früher ihr Zeug, also Ausrüstung und Waffen, selber mitbringen, um verpflichtet zu werden.

jemandem eine Zigarre verpassen

ihm eine Rüge, einen Verweis erteilen: „Der muss mal einen ordentlichen Rüffel bekommen!"

Eigentlich ist es eine freundliche Geste, einem Gast eine Zigarre zu schenken. Mit der Verbindung „verpassen" wird dieses Geschenk ironisiert. Es geht nun nicht mehr um ein Geschenk, sondern eher um eine Strafe.

die Zunge im Zaum halten

Wenn jemand frech, vorlaut oder aber auch ehrlich ist und in Gefahr gerät, etwas zu verraten, wird er aufgefordert, seine Zunge im Zaum zu halten.

Ein Pferd wird im Zaum gehalten, damit es gehorcht, damit es gelenkt werden kann.

das Herz auf der Zunge tragen

zu offen sein, alles sofort aussprechen, seine Gefühle offenbaren

Wer sein Herz „auf der Zunge trägt“, der kann seine Gefühle, positive wie negative, nicht bei sich behalten, sondern muss sie mitteilen.

mit falscher Zunge reden

lügen, den anderen vorsätzlich täuschen, unaufrichtig sein, jemanden arglistig zu etwas überreden wollen

sich auf die Zunge beißen

den Mund halten; das, was man gerade denkt, auf keinen Fall aussprechen: „Sag das jetzt bloß nicht!“

Wer sich auf die Zunge beißt, kann im gleichen Augenblick nicht sprechen.

auf keinen grünen Zweig kommen

sich nicht aus eigener Kraft aus dem Schlamassel ziehen können: „Der schafft es nicht; dem gelingt der Durchbruch nicht."

Ein grüner Zweig ist Sinnbild der Fruchtbarkeit, des Gedeihens.

in der Zwickmühle stecken

in einer schwierigen Lage sein, sich nicht mehr befreien können, keine freie Entscheidung mehr haben

Wenn beim Mühlespiel die Steine des Angreifers eine Position eingenommen haben, aus der sich der Angegriffene nicht mehr retten kann, steckt er in einer Zwickmühle.

Genehmigte Lizenzausgabe
EDITION XXL GmbH
Fränkisch-Crumbach 2005
www.edition-xxl.de

Text: Hajo Bücken
Illustrationen: Olga Malkovskaja
Satz und Layout: Mathias Weil

ISBN 3-89736-902-8